C000071309

CORPO DI LUCE

RALLENTA IL TUO OROLOGIO BIOLOGICO

AUMENTARE IL TUO FASCINO NATURALE, SIGNIFICA IMPARARE A RIVERSARE L'AMORE INCONDIZIONATO NELLA TUA ESPRESSIONE UMANA, OGNI GIORNO DELLA TUA VITA, IN OGNI GESTO, IN OGNI MOMENTO... AMARTI.

NAWAL KAOUJAJ

PREFAZIONE

Siamo in questo cammino evolutivo per imparare a
manifestare il nostro splendore Divino, poiché siamo
destinati a trasformare gradualmente il nostro corpo
biologico in un Corpo di Luce! Man mano che la nostra
Coscienza si risveglia per raggiungere la consapevolezza
necessaria ad aumentare sempre di più il nostro
splendore interiore, anche il corpo biologico si trasforma
illuminandosi per sempre.
In questo cammino di risveglio, sono riuscita finalmente
a comprendere come migliorare dall'interno in forma
naturale e senza sforzo, la mia versione umana anche a
livello biologico; ho raccolto e sperimentato negli anni
con molta cura, tutti i metodi e le tecniche energetiche
che mi hanno permesso di migliorare ogni aspetto del mio
corpo anche nella pratica della vita quotidiana; così ora
posso rendere disponibile questa mia conoscenza a tutti
coloro che vorranno illuminare gli aspetti rimasti ancora
nell'ombra del loro corpo, e migliorarne così l'espressione
luminosa nel mondo.
In questo manuale ti spiegherò come utilizzare l'energia
vitale per attivare e potenziare alcuni importanti processi
di bellezza e di ringiovanimento del tuo corpo, ti mostrerò
come raggiungere il tuo naturale fascino e mantenere
l'effetto duraturo nel tempo, senza inutili e grandi perdite
d'energia, ma soprattutto senza perdite di denaro!
Il mio istinto (come in tutti gli altri aspetti della mia vita)

mi ha spinta alla ricerca della conoscenza, oltre ogni superficiale apparenza o credenza limitante fisica, perché ho sempre avuto la sensazione e l'intuizione di essere prima che un corpo biologico, un Corpo di Luce.... sapevo dunque di poter manifestare questa mia luce in ogni cellula, se comprendevo come farlo.

Così con le domande giuste, ho trovato le risposte che cercavo, e ho provato personalmente gli effetti di queste rivelazioni negli anni, con risultati gradualmente visibili ai miei occhi, così la gioia di questa scoperta mi ha spinto a condividere con il resto del mondo le mie scoperte; il mio intento è di facilitarti a trascendere gradualmente gli effetti del tempo, aiutarti a comprendere come puoi fin da subito interagire con il tuo sistema per rallentare gradualmente il tuo orologio biologico interno, vorrei mostrati come sono riuscita a comunicare con le mie cellule e prendere il comando dei più importanti processi interiori del mio corpo, come ho iniziato a plasmare il mio aspetto nel modo che più preferivo per raggiungere la mia versione luminosa!

Dovrai ricordarti però che il risultato di queste informazioni dipenderà soprattutto da te, da quanto riuscirai a restare presente con apertura e fiducia mentre cerchi di trasformarti, ogni processo dipenderà da quanto ti permetterai di superare le barriere del dubbio per raggiungere lo stato vibrazionale necessario alla trasformazione; per questo dovrai essere disposto a cambiare le vecchie credenze che hai assimilato di come dovrebbe apparire il tuo corpo biologico nel tempo e sostituirlo con una visione più fluida della realtà, poiché il tempo, lo spazio, la materia e la biologia sono in verità la conseguenza olografica del programma esistenziale, che potrebbe essere modificato in qualsiasi momento dalla coscienza! Se impari a spingerti oltre i soliti pensieri e comportamenti, potrai fluidificarti e di conseguenza anche la tua realtà si modificherà trascinando tutto quello che ti circonda, compreso il tuo corpo, verso una dimensione più fluida e malleabile.

CAPITOLO 1

IL POTERE
DELL'ACCETTAZIONE

1.1 ACCETTARE L'ESPRESSIONE NEGATIVA DEL CORPO

Il modo più efficace di superare una situazione che ci crea ansia e trascenderne gli effetti negativi, è quello di entrare in uno stato di rilassatezza, e questo si può raggiungere solo attraverso la completa accettazione della situazione stessa!

Quando riesci ad accettare completamente il presente per come si sta mostrando, consapevole che si tratta solo di una piccola parte della verità, la tua energia interiore sarà libera di scorrere, permettendoti di trasformare quella determinata visione di realtà negativa, nella sua versione più positiva; in questo caso, per aumentare l'espressione della tua bellezza, sarà prima necessario quindi riuscire ad amare la tua "bruttezza", accettandola come una piccola parte integrante di un grande processo evolutivo.

È importante che tu smetta di percepire la tua forma fisica come una sentenza definitiva dell'esistenza, o peggio ancora come un'eterna condanna che non si può modificare, poiché non esiste nulla nella vita che non abbia in se il potenziale di trasformarsi, tutto dipende da quando e come... quanto percepisci nel tuo fisico un aspetto che pensi sia negativo, disfunzionale o che non ritieni essere abbastanza "bello", significa che il tuo sistema ti sta inviando un messaggio proprio attraverso quella parte, ti vuole mostrare come uno specchio come migliorare l'aspetto interiore correlato a quel "problema", in modo da liberare l'energia necessaria a quel tipo di trasmutazione. Ma per comprendere l'utilità dei messaggi che cerca di darti il tuo corpo, dovrai prima riconoscere con amore quella parte che tu ritieni "negativa" del tuo aspetto, come parte di te, poiché quello che tu vedi come "inopportuno" o "sgradevole", non è altro che un tuo processo interno necessario all'evoluzione del tuo sistema, e come tale potrebbe cambiare in qualsiasi momento se lo accetterai accompagnandone il progresso; se comprendi che non hai più bisogno di continuare ad identificarti in una sola versione del tuo aspetto, ma allo stesso tempo accetti la versione presente, allora permetti alla tua biologia di migliorarsi e di attivare i processi necessari a mostrarti una versione diversa ed aggiornata di te stesso.

Questo approccio di accoglienza è utile non solo per migliorare le tue condizioni fisiche, ma anche per trascendere qualsiasi problema della tua vita, la totale accettazione ti metterà nello stato energetico che serve ad alzare la frequenza vibratoria nel tuo campo energetico, con la conseguenza di accelerare lo sblocco del processo necessario a nutrire quell'aspetto della tua vita in forma positiva.

1.2 ACCETTARE L'INVECCHIAMENTO DEL CORPO

Il nostro corpo è stato progettato per vivere molto a lungo, anche per sempre se lo volessimo, l'invecchiamento è una "disfunzione" del sistema biologico, ma per essere trascesa deve essere accettata come tale; come per ogni "malattia" anche l'invecchiamento prima di poterlo guarire, bisogna arrendersi al suo processo, accettarlo e vederlo come parte integrante del progresso personale, abbassando la tensione che si crea in questa fase delicata di trasmutazione, questo è il modo più veloce ed efficace di rallentarne gli effetti negativi, e migliorare il tuo aspetto esteriore, anche mentre il tempo passa.

La sensazione di paura, tristezza ed afflizione che provi quando noti invecchiare una o più parti del tuo corpo, ti viene creata perché non stai bene interiormente con te stesso, quindi da un blocco emotivo; in realtà quando inizi a notare i primi segni del tempo sul tuo viso, capelli, pelle ecc.. e provi un'emozione negativa, significa che hai paura di non essere più apprezzato ed amato come prima, o di non averne più la possibilità come avresti desiderato, forse non ti sei mai sentito accettato abbastanza da te stesso, e di conseguenza neppure dagli altri, o magari non hai vissuto ogni tuo giorno appieno in modo autentico, e hai voluto rimandare per troppo tempo alcune esperienze che potevano renderti felice, così quando il tuo corpo ti mostra i segni del tempo che "passa", in realtà ti vuole risvegliarti alla tue verità interiori, ti rendi conto che non sei soddisfatto, non ti senti pieno di vita ne felice, ed è questo il vero motivo per cui il tuo cuore si rattrista, per paura di sentirti limitato a sperimentare alcune esperienze della tua quotidianità, ed in questo senso temi di avvicinarti sempre di più alla fine della tua esistenza, senza averne prima assaporato alcuni aspetti ne compreso appieno il senso! Qualsiasi disfunzione, o malattia, arriva per darci un messaggio, ed il vero motivo per cui l'umanità ha ancora bisogno di questa disfunzione della "vecchiaia", è perché deve comprendere come vivere in forma autentica e libera la propria vita ogni giorno; il degrado fisico è un chiaro segnale che ti avvisa di non essere felice, ti comunica che non sei allineato con la tua vera missione esistenziale; perché se così fosse, la pienezza del tuo essere non ti farebbe pesare questa transizione, e neppure ti renderesti conto di questo "problema"! Vivere intensamente e consapevolmente la tua esistenza, ti farebbe raggiungere una profonda comprensione del tuo essere, che non lascerebbe spazio alla paura di nessun genere, neppure della morte; in quello stato ti sentiresti espandere oltre al limite del tuo solo corpo, così non avresti più bisogno di identificarti con il suo confine, sarà proprio questo stato a permetterti di conservare il tuo corpo fisico in ottima salute e bellezza, per molto più tempo!

1.3 ACCETTARE LO STATO NEGATIVO DEL TUO CORPO

Qualsiasi miglioramento vuoi fare nel tuo corpo o nella tua vita in generale, ricordati che la prima cosa che hai a disposizione per iniziare il processo di trasformazione, è il tuo stato attuale nel PRESENTE!
Il tuo sistema cerca di comunicare con te continuamente, e proprio in questo stesso momento, nelle varie parti del tuo corpo sono all'opera vari processi che si stanno

manifestando, o si sono manifestati per inviarti i messaggi necessari al tuo miglioramento, sotto forma di sensazioni emotive o disfunzioni biologiche; ogni singola parte del tuo corpo, racconta la storia della tua esistenza, proiettando all'esterno una mappa di tutto quello che riguarda il tuo stato interiore, in questo modo ti mostra quanto sei stato in grado di comprenderti, ricordandoti tutto ciò che ancora devi integrare di te stesso.

A questo serve in realtà un corpo biologico, per aiutarti a vedere gli aspetti che ancora non riesci a concepire di te stesso, per facilitare il tuo risveglio mostrandoti nel mondo materiale, cosa devi risolvere nel tuo mondo astrale, in modo che tu possa continuare ad evolverti nello stesso corpo.

Dunque se il tuo aspetto non esprime il meglio di se stesso e non si presenta positivo, significa che devi accettarne la manifestazione negativa, per in seguito cambiare la credenza interiore, o il blocco emotivo correlato a quella parte che ne limita l'evoluzione; quello che più non ti piace del tuo corpo, è in verità quello che più potrebbe aiutarti a trasformare la tua esistenza, perché proprio attraverso quella espressione ti vengono date tutte delle indicazioni necessarie a migliorare e modificare oltre il tuo corpo, anche la tua intera esistenza! Quindi sarà meglio che tu inizi a vedere il potenziale di questi messaggi, così da poterli utilizzare come strumenti di trasformazione, invece che focalizzarti solo sulla superficie delle loro manifestazioni, poiché questa rappresenta solo il punto di partenza di un processo che potrebbe cambiare ogni cosa.

1.4 COME SI CREA
IL SENSO DI MANCANZA

Credo sia arrivato il tempo in cui ogni uno di noi debba
conoscere tutti quei meccanismi energetici, che lavorano
alla base della sua manifestazione biologica; iniziamo dal
concetto più importante che devi sapere: quando noti una
mancanza o disfunzione nel tuo corpo biologico, la prima
cosa che devi fare è accettarla e cercare di comprenderne
l'origine psico-emotiva correlata, in modo da risolverla
definitivamente dall'interno!

Se non riesci ad accettare la mancanza come uno stadio di
transizione del tuo corpo, sarai spinto dall'impulso della
paura a compiere gesti che attrarranno altra carenza verso
il corpo, in questo stato si genera una distorsione della
realtà, che ti proietta a ripetere quella stessa esperienza di
mancanza, fino a quando non ne comprenderai il senso
interrompendo il meccanismo.

Quando hai paura di non essere abbastanza in qualsiasi
aspetto della vita, come per esempio attraente, bello,
luminoso, giovane, snello ecc... trascinerai il tuo corpo
e la tua realtà in una bassa frequenza, e sarai spinto
sempre da questa sensazione a compiere gesti per
compensare quello che credi ti manchi, come per esempio
quando provi disagio alla prima comparsa dei sintomi
dell'invecchiamento, e non comprendi come risolverle
interiormente, cercherai di compensarle con qualsiasi
cosa dall'esterno, come prodotti di bellezza, trattamenti
o interventi chirurgici; in questo caso devi sapere
che qualsiasi gesto compiuto all'esterno spinto dalla
sensazione di disagio o di mancanza, ti creerà sempre più
esperienze di quel genere! Più costringerai la tua realtà a
modificarsi solo dall'esterno per apparire bello, più sarai

vuoto e triste dentro, e quindi più si creeranno situazioni che ti metteranno nel disagio e nella paura di essere brutto, allontanando così l'oggetto del tuo desiderio (se vuoi conquistare una persona solo in questo modo, ti allontanerai da te stesso e di conseguenza allontanerai ancora di più quella persona, mentre se vuoi forzare in quel modo qualche tipo di esperienza, la manifesterai nella sua versione negativa); questo perché più non accetterai i segni del tempo e con frustrazione cercherai di sembrare giovane e bello solo nell'apparenza, più aumenteranno i segni negativi, fino a che non ti arrenderai all'evidenza, e comprenderai che in realtà hai bisogno di tornare giovane e bello prima dentro di te!

Perciò la cosa migliore per trascendere qualsiasi aspetto negativo biologico, sarebbe riuscire a risalire verso la sua origine interna, perché solo in questo modo puoi sciogliere definitivamente il nodo che blocca al flusso dell'energia vitale di scorrere verso quella parte del corpo, e permettergli di ricevere il nutrimento necessario per migliorare il suo aspetto anche all'esterno.

Quando siamo piccoli, il nostro corpo non ha ancora accumulato troppa energia negativa, iniziamo a vivere nella realtà manifestando la nostra originale bellezza, per questo motivo i bambini hanno una luce particolare ed una bellezza più candida della loro versione adulta, ma con il tempo per colpa di credenze limitanti e sensazioni di mancanza accumuliamo informazioni disfunzionali e ci lasciamo agganciare dalle scorie energetiche negative; quando ci trucchiamo il viso per cercare di conformarci ad un certo tipo di bellezza esterno, o modellare il taglio di capelli alla "normalità del mondo esterno" perché pensiamo di NON ESSERE abbastanza affascinanti, belli, o presentabili per mostrarci al mondo nella versione che realmente desideriamo, significa che siamo bloccati dalle ferite emotive che ci spingono a provare emozioni di carenza, e quindi ad adottare un comportamento insicuro che genera a sua volta, anche nel corpo biologico, la manifestazione sempre più negativa ed impattante di quel tipo d'energia.

ESEMPIO: il PENSIERO "non sono abbastanza attraente" genera un EMOZIONE di "tristezza e svalutazione interiore" che spinge a compiere un' AZIONE squilibrata per compensare il vuoto interiore, anche se solo momentaneamente ed in forma superficiale, in modo da apparire come io penso che gli altri si aspettano, quindi mi vesto, mi trucco, mi sistemo, mi costringo, mi obbligo ad essere in un certo modo, per rientrare dentro ad un'ideale ed ottenere l'approvazione, l'amore, l'accoglienza, l'accettazione, l'importanza che cerco dalla società, dalla famiglia, dal partner, dal lavoro ecc.. questo comportamento in fine mi porta a costruire la mia REALTÀ BASATA SULLA MANCANZA.

CAPITOLO 2

IL POTERE DELLA PURIFICAZIONE

2.1 LA VERITÀ DEL NOSTRO CORPO BIOLOGICO

L'invecchiamento non esiste come lo abbiamo concepito fino ad ora, non è normale morire neppure per vecchiaia, in realtà si tratta di una malattia degenerativa, ritenuta normale fino ad ora, in quanto la mente con una coscienza limitata, ha pensato che non esistesse alternativa, e che quindi fosse inevitabile! Ma l'essere umano è progettato per vivere molto più a lungo di quello che potrebbe mai immaginare, anche per sempre, e presto comprenderà che il degrado biologico non è altro che la conseguenza dall'accumulo di bassa frequenza nel proprio campo energetico, che a sua volta blocca l'afflusso dell'energia vitale, e non permette al corpo di alzare la sua frequenza vibratoria per ricevere il nutrimento necessario a migliorare e mantenere stabile il suo stato di salute originale.

Per trascendere questa disfunzione del degrado fisico, una

persona che vive in quest'epoca e società, avrà bisogno di uscire dalla percezione di una normalità preconfezionata, in modo da spingersi oltre il limite disegnato della coscienza di massa, e riuscire così a modificare la sua visione in confronto al proprio corpo biologico per modellarlo come meglio preferisce.

La verità è che dentro di noi ci sentiamo sempre giovani, perché la nostra Anima sa che siamo eterni, e quindi non possiamo ne invecchiare, ne morire, poiché il tempo in verità non è mai stato lineare... ma dunque perché stiamo invecchiando?!

Questa domanda dovrebbe farci capire che ci sta sfuggendo qualcosa...! Beh si, in realtà ci sfugge che non è il tempo a farci invecchiare (visto che non esiste), ma sono i blocchi emotivi (personali e collettivi) e le scorie negative energetiche che accumuliamo dentro al nostro sistema a degradare il nostro corpo biologico, il nostro sistema viene appesantito ed intasato dalle troppe informazioni, il più delle volte disfunzionali ed inutili, creando di conseguenza gli effetti spiacevoli del degrado fisico.

Per trasmutare le conseguenze dell'invecchiamento, sarebbe quindi utile prima di tutto, purificare il proprio sistema da tutte quelle scorie che fluttuano all'interno del canale energetico, in modo da rallentare gli effetti negativi, e gradualmente riportarlo al suo massimo potenziale; se solo una percentuale sempre più alta di persone diventasse consapevole di questa verità, potrebbe essere in grado di modificare il resto della coscienza collettiva, e rallentare per sempre il vecchio programma dell'orologio biologico umano.

2.2 PURIFICARE IL CORPO DALLE INTERFERENZE

Tu sei una coscienza individuale che vive immersa in una coscienza di massa, questo significa che con il tempo, se non riesci a riconoscere la tua individualità delineando il tuo spazio per limitare tutte quelle esterne da te, finisci per assorbire le loro interferenze, o essere assorbito dalla loro coscienza (persone, animali e vegetali compresi); se permetti alle interferenze interne di disturbare il tuo personale campo energetico senza il tuo acconsentimento (inconsciamente), si trasformano nella causa principale dei tuoi disturbi causa della degradazione cellulare; per questo motivo dovrai prima di tutto imparare a purificare il tuo campo energetico e rilasciare questi agganci esterni ogni volta che ti sentirai appesantito, in modo da non sovraccaricare più ulteriormente le tue cellule ed alleggerire così il tuo sistema.

Di seguito elenco alcuni rituali di purificazione con gli elementi che potrebbero aiutarti a ristabilire l'equilibrio energetico quotidiano; questi rituali ti aiuteranno ad abbassare la carica negativa in modo da armonizzare il tuo sistema, potrai farti guidare dalle tua intuizione per scegliere istintivamente l'elemento più adatto a migliorare il tuo stato attuale.

PURIFICAZIONI ATTRAVERSO GLI ELEMENTI

1- ELEMENTO ARIA

L'elemento aria contiene il nutrimento per lo Spirito, per sua natura porta in sé la frequenza dell'amore, quindi è in grado di apportare leggerezza e nutrimento a tutto il nostro corpo biologico, in questo modo si potrà abbassare la tensione e ricaricare di energia positiva il sistema.

RITUALE PER ABBASSARE LO STATO DI TENSIONE
Ritagliati un momento di silenzio possibilmente all'aria aperta, o in uno spazio con sufficiente aria pulita per iniziare la meditazione, quando sarai abbastanza rilassato, potrai fare dei profondi respiri in modo cosciente, focalizzando la tua attenzione nel tuo petto. Dopo qualche secondo, immaginerai che mentre respiri, l'energia presente nell'aria inizi a compenetrare il tuo corpo per nutrirlo ed alzarne la frequenza; mentre quando espiri, immaginerai di buttare fuori l'energia negativa, scorie, e qualsiasi peso, per restituirlo alla Fonte.
Per esprimere il tuo intento in modo da creare una maggior collaborazione a livello cosciente, potrai fare una richiesta diretta all'aria: "DONAMI LEGGEREZZA, ALLENTA LA TENSIONE DEL MIO CORPO, FLUIDIFICA IL MIO ESSERE E PORTAMI NUTRIMENTO, GRAZIE"
Dopo qualche minuto di respirazione cosciente, ti sentirai un po più leggero ed avvertirai un'energia nuova espandersi nel tuo corpo, quando vorrai potrai terminare la meditazione.

2- ELEMENTO ACQUA
L'elemento acqua è per sua natura un conduttore di informazioni, ed un mezzo molto valido di purificazione; in questo caso potrai sia caricarla di energia positiva da veicolare all'interno delle tue cellule, sia utilizzarla per scaricare il peso dell'energia di scarto.

RITUALE PER ABBASSARE LA CARICA NEGATIVA
Ritagliati un momento di solitudine per fare un bagno/ doccia con calma per equilibrare la tua energia, oppure potrai bere un bicchiere d'acqua, quando sarai abbastanza

rilassato dentro, pronuncerai verbalmente questa richiesta all'acqua: "TRASPORTA TUTTA LA CARICA ENERGETICA IN ECCESSO ALL'ESTERNO DEL MIO CORPO, PURIFICAMI DA TUTTE LE INTERFERENZE E SCORIE NEGATIVE, GRAZIE".

Rimarrai sotto la doccia, o dentro al bagno fino a che non ti sentirai più leggero, potrai far scorrere il flusso dell'acqua sulla parte del corpo interessata, dove senti accumularsi più carica negativa in forma di tensione o dolore per riequilibrarla; oppure berrai il bicchiere con dentro l'acqua a cui hai rivolto la tua richiesta (consiglio di berne un litro un poco alla volta durante la giornata) ed aspetterai di espellerla gradualmente.

3- ELEMENTO FUOCO

L'elemento del fuoco per sua natura trasforma, purifica, libera e dissolve tutta la materia pesante o statica, in questo caso potrai utilizzarlo per alleggerire il tuo campo energetico da tutte le informazioni, interferenze e cariche negative disfunzionali o tossiche accumulate negli anni, o durante il giorno in tutte le situazioni di sofferenza collettiva.

RITUALE PER BRUCIARE IL PESO ENERGETICO
Ritagliati un momento di silenzio e solitudine per fare questa meditazione di purificazione; mettiti in una posizione comoda e quando sarai abbastanza rilassato, potrai immaginare una fiamma di colore blu accendersi dentro al tuo petto, in seguito la farai espandere in modo da comprendere tutto il tuo corpo biologico e la tua aura. Quando avrai stabilizzato l'immagine della fiamma, potrai consegnare ogni peso e carica negativa che non ti appartiene, al suo potere purificante attraverso questa richiesta: "PURIFICAMI DAL PESO NON NECESSARIO,

ALLEGGERISCI IL MIO SISTEMA DALLE SCORIE
NEGATIVE, DISSOLVI LE INTERFERENZE CHE NON
MI APPARTENGONO, GRAZIE".
Dopo la richiesta, aspetterai tutto il tempo che necessiterà
la fiamma per bruciare e liberarti dal peso, e quando
ti sentirai abbastanza leggero, potrai finire il rituale
rimpicciolendo la fiamma dentro al tuo petto, e lasciandola
a tua disposizione per quando avrai di nuovo necessità.

4- ELEMENTO TERRA
L'elemento terra, grazie al suo potente magnetismo, è per
sua natura utile nell'assorbire le energie di sovraccarico,
quindi un valido aiuto quando si tratta equilibrare
un sistema in caso di squilibrio dovuto a scorie, o
qualsiasi interferenza energetica ne disturbi il normale
funzionamento.

RITUALE PER SCARICARE LE CARICHE NEGATIVE
Ritagliati un momento di solitudine per fare questo rituale,
potrai sederti sulla terra o pavimento, e mettere le mani
a contatto con il suolo per creare una connessione con la
terra, in seguito potrai fare questa richiesta: "TI CHIEDO
DI ASSORBIRE TUTTE LE INTERFERNZE NEGATIVE
DEL MIO CORPO, TI CONSEGNO TUTTO IL PESO
CHE NON RISUONA CON IL MIO VERO ESSERE,
GRAZIE!".
Potrai rimanere in quella posizione fino a quando non
avvertirai un cambiamento energetico al tuo interno,
quando avrai terminato, semplicemente finirai la
meditazione ringraziando.

2.3 PURIFICARE IL CORPO
DAL DOLORE EMOTIVO

Qualsiasi disfunzione biologica compreso
l'invecchiamento, affinché possa essere modificata per
mostrarsi nella sua versione positiva, deve prima venire
accettata ed accolta in forma consapevole, in modo
che l'ombra che genera tale disfunzione, possa essere
illuminata dalla luce della coscienza e quindi apparire
nella sua profonda verità; qualsiasi disfunzione prima
di riversarsi nella forma biologica, si crea sotto forma di
sofferenza emotiva, ma se non viene accolta e compresa,
si ingrandisce e prende sempre più peso, fino a diventare
materia, in questo caso mostrandosi attraverso il corpo
biologico, creando squilibrio e malfunzionamento
generale del sistema.

Quindi qualsiasi tipo di disfunzione biologica è formata
da molti, o pochi (dipende dalla sua intensità) strati di
emozioni negative, che nel tempo si sono accumulati
spingendo verso l'esterno per essere notate e risolte da
te; il metodo che condivido qui sotto si basa su questo
concetto in quanto ti permette di risalire all'origine di
qualsiasi malfunzionamento del tuo corpo biologico per
scaricare l'emozione negativa che lo genera, e permetterti
di risolverlo definitivamente.

Questo metodo è basato sulla mia reale esperienza,
poiché è stato il modo più semplice e potente in cui io ho
iniziato a cambiare non solo il mio corpo, ma la mia intera
esistenza; in questa forma sono riuscita a rilasciare tutta
la carica negativa della sofferenza dal mio sistema, con la
conseguenza di un miglioramento generale del mio aspetto
fisico, ma soprattutto ho rallentato visibilmente gli effetti
del tempo, quindi invecchio molto più lentamente del

"normale", inoltre grazie a questa tecnica sono diventata il dottore di me stessa! Se vuoi migliorare qualsiasi aspetto disfunzionale del tuo corpo, come per esempio le rughe, la caduta dei capelli, l'aspetto della pelle, la forma fisica ecc... potrai farlo solo se riesci a risalire alla sua fonte d'origine per scoprirne il motivo di manifestazione, in modo da scaricarne l'energia di imprinting (il ricordo che le mantiene) e liberare così l'energia necessaria a plasmare una diversa versione di quell'aspetto di te stesso; questa riprogrammazione la puoi usare per trasformare qualsiasi tipo di disfunzione o dolore mentale, emotivo e biologico, ma in questo caso ci concentriamo su come agire per modificare l'aspetto biologico, quindi per esempio prendiamo quello che più temono le donne quando iniziano ad superare una certa età.....le rughe!

2.4 ESEMPIO DI RIPROGRAMMAZIONE COSCIENTE

In un momento di silenzio e solitudine potrai metterti in una posizione comoda, meglio se ti metti completamente rilassato o coricato, quando sarai completamente rilassato, chiuderai gli occhi per concentrarti sulla zona del corpo che vuoi cambiare; per esempio se hai le rughe sotto gli occhi, ti focalizzerai su questa zona immaginandola, in seguito ti rivolgerai alla tua mente per chiedergli di agganciarsi a questa manifestazione (delle rughe), e gli chiederai di mostrarti la sua origine (cioè il motivo per cui si sono iniziate a formare quelle rughe), specificando che può mostrartelo attraverso un ricordo, quindi una situazione del passato (anche vite passate) o facendoti sentire l'emozione negativa correlata a tale disfunzione e che l'ha generata, potrai fare questa richiesta alla tua mente: " ti chiedo di agganciarti a questa "disfunzione" per darmi l'emozione o situazione che ha l'ha generata".

Dovrai fare questa richiesta con sicurezza ed aspettare con fiducia qualche secondo che la tua mente possa elaborarla per darti la risposta, ricordati che non devi creare tu la risposta, ma spettare che si mostri a te in forma spontanea; quando ti compare un ricordo, oppure un'immagine di qualsiasi tipo, allora dovrai fermarle per entrarci dentro a livello astrale, quando sarai dentro chiederai al tuo sistema di ampliare lo spettro per mostrati in quella situazione tu dove ti trovi (in caso di vite passate), e potrai chiedere tutte le informazioni che ti serviranno per comprendere meglio cosa sta succedendo e come potresti rilasciare quella situazione di dolore per sempre, attraverso la comprensione e compassione. Se invece di avere subito una situazione, senti solo un'emozione ampliarsi nel tuo petto, significa che devi agganciare quell'emozione alla mente, e chiedergli la sua origine in modo che possa mostrarti una situazione correlata, sulla quale poter entrare ed agire per perdonare, amare, ed avere compassione di tutte le persone coinvolte.

Quando riuscirai a risolvere con la tua immaginazione la situazione problematica agganciata a quella determinata disfunzione fisica, allora potrai anche scaricarne l'energia negativa, e premetterti gradualmente di trasformare quell'aspetto di te stesso.

2.5 PURIFICARSI DAGLI AGGANCI EMOTIVI QUOTIDIANI

La condizione del tuo aspetto esteriore serve a mostrarti la condizione del tuo stato interiore, che è strettamente collegato al modo in cui decidi di affrontare le situazioni della tua vita quotidiana; quando ti sforzi troppo, oppure reagisci spesso in modo negativo, ogni tua cellula risente degli effetti di questa tua reazione, e se in seguito non viene rilasciata la tensione attraverso un completo stato di rilassamento, si accumulerà nel tempo provocandoti stress e bloccando il funzionamento del tuo sistema; in questo stato di sovraccarico si manifesterà dunque lo squilibrio che genera le varie disfunzioni della pelle, dei capelli, degli organi interni, ecc..
e se si abbassa la frequenza del tuo sistema, diminuirà anche luce e la bellezza che si potrebbe esprimere attraverso il tuo corpo fisico.
Per ristabilire quindi l'equilibrio energetico necessario a manifestare e mantenere la tua bellezza naturale, dovrai sapere come non farti più agganciare emotivamente in forma negativa da niente e nessuno, ma nel frattempo che arrivi a questa capacità, sarebbe sufficiente cercare di non accumulare troppa tensione nel tuo corpo, prendendo l'abitudine di rilasciarla ogni giorno, devi trovare il modo per da sfogare la rabbia o qualsiasi emozione repressa durante il giorno, in modo da non reagire più in forma negativa alle provocazioni di bassa energia, e liberarti da tutti gli agganci emotivi provocati dalle persone a cui permetti di condizionare il tuo umore e la tua pace interiore.
Tu sei parte di una coscienza collettiva, nella quale sei immerso per avere l'esperienza di una vita sociale, e nella

quale puoi farti coinvolgere tanto quanto lo riterrai giusto per il tuo tipo di consapevolezza; ma quando realizzi di vivere in situazioni con persone che non risuonano più con la tua frequenza, perché probabilmente ti agganciano in drammi esistenziali e ti coinvolgono dentro a continui stati di tensione, puoi decidere di riprogrammare la realtà che stai creando, annullando questo vincolo emotivo attraverso una chiara decisione cosciente di distacco ed allontanamento da quelle persone e situazioni che ti creano disagio... puoi decidere in qualsiasi momento di cambiare e permettere nella tua vita la manifestazione di un'alternativa più in linea con la tua natura, a volte basta accettare la tua sofferenza personale ed esprimerla all'esterno liberamente, per avere maggior chiarezza e modificare il tuo destino!

Quando non riesci a vedere la tua luminosità nel corpo, significa che è giunto il momento di cambiare qualcosa di importante nel tuo stile di vita, di lasciarti guidare dalla fiamma della consapevolezza del tuo cuore, se seguirai la luce dei tuoi reali desideri, allora vestirai di luce anche la tua espressione umana.

2.6 PURIFICARSI DALLA PAURA

Quando permetti alla paura di prendere il sopravvento e controllare il tuo stato emotivo, tutta la tua vita si modellerà in base a questa sensazione, manifestandoti l'illusione del distacco, della mancanza, e di qualsiasi altra cosa tu abbia paura nella tua realtà; in questo stato negativo si interrompe la connessione tra il corpo energetico e quello biologico (tra anima e corpo), quindi il nutrimento energetico farà molta più fatica a raggiungere la parte del corpo che necessiterà nutrimento.

Se osservi il corpo solo da una prospettiva di paura, quello che farai sarà proiettare un'ombra su quella parte di te stesso, oscurandola e convertendola in una visione oscura; questo dovrebbe farti comprendere che non devi più farti assorbire dall'analisi negativa osservando solo l'apparenza superficiale delle situazioni che ti si presentano, ma di avere pazienza ed accettarle per scoprirne il segreto; in questa realtà tridimensionale se avrai paura di qualcosa, per legge creerai quasi immediatamente un motivo sempre più forte per averne ancora più paura, ma se invece ti fermi senza pensare troppo aspettando di scoprirne meglio i dettagli, abbasserai la resistenza e la vita potrà condurti verso il miglioramento e spiegazione di qualsiasi aspetto da trasmutare.

Quando ti rendi conto di stare male perché hai paura di non essere abbastanza bello, o di odiare qualche aspetto del tuo corpo, invece di lasciarti avvolgere solo dalla paura, prenditi un tempo per permetterti di soffrirne appieno ed esternare il tuo disagio, non devi negarti la sofferenza, perché solo dopo che ti sarai liberato da ogni dolore, potrai rilasciare l'energia del peso e convertire quella parte, in

uno strumento più utile alla tua evoluzione; non cercare
di nascondere più il tuo disagio interiore, accogli la tua
espressione superficiale, così ne comprenderai anche il
significato più profondo, e sarà questa consapevolezza a
darti le indicazioni per cambiarla.

2-7 MANTIENI PULITA LA TUA ENERGIA - RESTA AUTENTICO

Non avere mai paura di dire cosa senti e cosa pensi
realmente, ti permette di restare in pace con te stesso
e mantenerti pulito dalle cariche negative, così la
tua frequenza vibratoria resterà sempre alta; ma per
mantenere questo stato di autenticità, è importante anche
che tu riesca a definire i tuoi spazi vitali nel mondo che
ti circonda, poiché in questo modo potrai mantenere
costante nel tempo la tua pace interiore.
Se vuoi proteggere la tua integrità energetica quindi, sarà
fondamentale che tu sappia esprimere in modo chiaro e
sincero le tue reali volontà prima a te stesso, ed in seguito
agli altri, anche se all'inizio potrebbe sembrarti difficile,
perché probabilmente potrebbe cambiare radicalmente
alcuni aspetti della tua vita, è l'unico modo per riuscire
ad allineare la tua realtà con il tuo vero destino, ed è il
modo più efficace di annullare le oppressioni ed invasioni
esterne, così da poter essere più fluido nel muoverti
seguendo solo la tua vera natura.
Quindi sbarazzati di qualsiasi relazione o situazione non
ti permetta di sentirti completamente libero e sincero,
oppure semplicemente esprimiti senza più la paura di
perdere o di essere giudicato, lascia che siano gli altri a
prendere questa decisione in caso non gli piacesse la tua

sincerità; è importante per la tua bellezza e conservazione esteriore che tu inizi a sentirti sempre più in pace con te stesso, a dimostrarti ancora più amore incondizionato, a proteggere i tuoi ideali lasciandoti lo spazio per esprimerti come meglio preferisci, senza nessuna pressione o giudizio... perché solo allora il tuo corpo fisico si sentirà sostenuto e nutrito dal tua presenza amorevole, e mostrerà come naturale conseguenza la sua miglior versione.

2-8 RIDUCI AL MINIMO
GLI SFORZI QUOTIDIANI

Qualsiasi tipo di sforzo, quando diventa eccessivo o si ripete in modo costante nel tempo (anche inconsciamente), ti mette nelle condizioni di disperdere inutilmente molta energia, diminuendo la vitalità del tuo corpo ed abbassando di conseguenza la frequenza vibratoria di tutto il tuo sistema; questa mancanza di energia con il tempo si rifletterà anche nel tuo aspetto esteriore, per mostrarti il tuo blocco interiore, così tu potrai osservarti e comprendere le tue condizioni energetiche.

Per riuscire a mantenere il tuo corpo carico dell'energia necessaria, ti basterebbe non sforzarsi più del necessario, e comprendere che non vale mai la pena stressarsi tanto per ottenere dei risultati in qualsiasi situazione; in realtà la sensazione dello sforzo sarebbe la vibrazione meno adatto a da utilizzare per manifestare una realtà positiva o per ottenere un miglioramento, la vibrazione più adatta sarebbe invece quella della pace e della rilassatezza, se provi pace mentre mentre fai qualcosa, se ti senti spinto dalla gioia verso un obiettivo e provi soddisfazione mentre sei immerso in quella situazione, allora questa è la sensazione giusta, questa è la frequenza della realizzazione, la forma più naturale e semplice per ottenere un risultato positivo.

La vita è creata da una Coscienza intelligente che fluisce sempre in costante mutamento, ed in questo fiume esistenziale sei compreso anche tu, tu sei parte di questo infinito processo, devi solo imparare a fidarti e lasciarti andare con il flusso dell'intelligenza cosmica; la vita nella quale sei immerso ti conosce, e sa di cosa hai bisogno, per questo non ti chiederà mai di fare più sforzo del necessario, ma vuole solo che impari a fluire con i tuoi processi, e con il mondo che ti circonda, perché proprio attraverso di essi sarai condotto verso tutto quello che ti serve per realizzare il tuo vero destino; l'unico sforzo che ti viene richiesto, è di fare una scelta quando sarà il momento, oppure agire per completare il processo interno facendo qualcosa che per te sarà facile e naturale, come indossare un vestito ed uscire a prendere un caffè, oppure ascoltare la tua intuizione e chiamare una persona, andare in un certo luogo o farti trasportare dal vento, dal sole, dalle voci che senti dentro di te per raggiungere o farti raggiungere dalla vita stessa!

Quando ti rendi conto che ti stai sforzando troppo nel quotidiano, significa che stai andando contro il flusso naturale della tua esistenza, perché agisci sotto l'ipnosi di una credenza mentale che ti trascina dentro alla continua illusione della mancanza; in questo stato ti convinci che devi sempre sforzarti fisicamente o psicologicamente per ottenere il massimo dalla tua vita, credi di dovere lavorare molto, o pensare continuamente per avere dei risultati concreti, ma non ti rendi conto che sei proprio tu a creare quella situazione, a mantenerla con l'energia che si sprigiona dai tuoi sforzi.

In realtà è la sensazione che provi nel fare qualcosa, che determina quale esperienza si creerà nella tua realtà in seguito, più ti senti stanco, esaurito e svuotato dopo un determinata situazione, più significa che hai creduto di doverti sforzare per mantenere quella illusione; mentre invece più sentirai gioia, soddisfazione, pace e rilassatezza, più significa che hai seguito il flusso della tua vera natura, e quindi ti sei permesso di conservare l'energia necessaria a mantenerti oltre che bello e giovane, anche in buona salute!

CAPITOLO 3

RILASCIARE IL
PESO DEL KARMA

3.1 ANNULLARE
I VECCHI CONTRATTI KARMICI

Il sistema del corpo biologico viene influenzato dal tipo
di Coscienza che la abita, in base al suo grado evolutivo
si attivano i processi e si impostano i programmi di
evoluzione, in questo caso il corpo biologico deve seguire
sempre le direttive che gli vengono trasmesse dall'anima
che lo abita, inizialmente attraverso le memorie dell'akasha
personale e collettiva, ed in seguito potranno venire
rimodellate attraverso l'esperienza.

Dunque in base alle nostre esperienze esistenziali, alle
nostre credenze e decisioni, si attivano dei programmi nel
nostro sistema, e nel tempo si imprimono formando un
contratto energetico nel nostro DNA biologico e spirituale,
così ogni volta che viviamo nel corpo, il nostro sistema
potrà evolversi ed espandersi solo nel confine del nostro
limite di coscienza, in quanto deve rientrare dentro a
quello che noi abbiamo scelto di sperimentare in questo

contratto.

Se pensi che sia arrivato il momento di allargare i tuoi confini ed annullare i contratti limitanti, di seguito ti suggerisco alcune formule in grado di rilasciare i vecchi programmi biologici disfunzionali, per sostituirli consapevolmente con programmi nuovi e funzionali; dovrai ritagliarti un momento di pace e solitudine (in doccia, a letto, sul divano, in mezzo alla natura, ecc..) per fare questa meditazione di aggiornamento interno, quando sarai abbastanza rilassato potrai pronunciare la dichiarazione per modificare l'aspetto karmico che ti interessa.

Ricorda che le informazioni riportate qui sotto sono solo un esempio, e che potresti aggiungere, togliere, modificare le dichiarazioni a tuo piacimento ed in base al tuo scopo.

3.2 CHIUDERE
I CONTRATTI DISFUNZIONALI

- CONTRATTO DELLA CARENZA BIOLOGICA
"Mi rivolgo al mio sistema per sostituire il contratto della carenza, in uno di abbondanza! Io permetto al mio corpo da ora in poi di assimilare tutto il nutrimento che gli serve (potrai specificare il tipo di nutrimento come per esempio che tipo di vitamine, minerali, o altro) per migliorare questa parte o questo aspetto di me (pronunciare la parte interessata), o per migliorare tutto il corpo in generale, così io ordino, così sia!

- CONTRATTO DELLA CARENZA ENERGETICA
"Mi rivolgo al mio Spirito per comunicare che sono pronto a ricevere l'energia necessaria ad espandere e mantenere luminoso il mio corpo! Sono ora consapevole di Essere pura energia incarnata in questo mondo, accolgo la mia Essenza in questo veicolo per realizzare il mio destino. Mi apro per ricevere...mi permetto di attingere alla fonte sempre ed ovunque io sia! Così sia!"

- CONTRATTO DELLA MALATTIA
"Scelgo di rompere per sempre la tendenza di contrarre malattie nel mio corpo biologico. Ora sono Consapevole del mio potere e decido di predispormi per ricevere la guarigione, ordino al mio sistema di convertire la malattia in salute e consapevolezza, mi permetto di stare bene e di non avere più bisogno della malattia per nascondermi, o per ricevere amore, mi sento meritevole di esistere senza fare alcuno sforzo. Io sono in ottima salute, così desidero, così sia!"

-

CONTRATTO DELL'INSUFFICIENZA

"Permetto al mio corpo di sciogliere il contratto dell'insufficienza per sostituirlo con quello della pienezza! Ogni cellula del mio corpo riceverà abbastanza nutrimento, amore, energia, e considerazione di cui ha bisogno per crescere ed esprimere la sua miglior versione! Io riverso la mia essenza dentro ogni mia parte... io decido di vivere nella pienezza di me stesso, ascoltatemi cellule non dovete più sentirvi deboli e rifiutare il nutrimento, non abbiamo più bisogno di vivere nella sufficienza, perché adesso siamo consapevoli che noi siamo sostenuti dall'inesauribile fonte della Vita, quindi da ora in poi saremo nutriti sempre e per sempre in abbondanza. Così è sempre stato, e così sia!"

- CONTRATTO DELL'EREDITÀ

"Io ora sono consapevole di non avere bisogno di condividere le disfunzioni della mia famiglia, o di essere condizionato dalla loro influenza negativa. Io amo la mia famiglia (puoi specificare una persona) ma mi sento libero di andare oltre a questo limite, di uscire da quest'ombra e stare bene, quindi ordino al mio sistema di rilasciare tutte le disfunzioni ereditarie dal mio corpo biologico senza colpa e senza giudizio, di sostituirle con il programma di buona salute e longevità. Così io mi permetto, così sia!"

- CONTRATTO DELLA BRUTTEZZA

"Il mio corpo rappresenta solo uno dei tanti aspetti della mia essenza, da adesso in poi non ho più bisogno di sentirmi brutto o indegno, ora sono consapevole di poter essere come voglio, quindi io decido di sciogliere il contratto della bruttezza e sostituirlo con quello della bellezza! Io sono in questo mondo per rappresentare la luminosità del mio Spirito, io mi permetto di evolvere la mia espressione umana e mostrare la miglior versione di me stesso proprio in questo corpo. Così sia."

- CONTRATTO DELLA SECCHEZZA

"Lascio andare per sempre la paura di non avere abbastanza amore, decido ora consapevolmente di sciogliere il contratto della secchezza emotiva, materiale e biologica per sostituirlo con un programma di idratazione, di dolcezza, di amore e nutrimento. Da ora in poi io sarò nutrito dalle carezze della Creazione in qualsiasi forma, avrò tutto il necessario per idratare ed alleggerire la mia esistenza ogni giorno della mia vita, io sono irrigato, sono fluidificato, sono nutrito con il nettare dell'esistenza. Così mi permetto, così sia."

- CONTRATTO DELLA FRAGILITÀ

"Io decido consapevolmente di rilasciare il contratto della fragilità (in generale o pronunciare una parte della vita o del corpo in particolare) per sostituirlo con quello della forza e della potenza! Io non ho più bisogno di nascondermi dietro alla mia fragilità e vittimismo, dunque da ora in poi mi permetto di essere potente, di attingere alla mia forza ancestrale, da ora in poi io posso veicolare l'energia della vita dentro al mio sistema ed utilizzarlo come meglio preferisco per migliorarmi e realizzare i miei scopi. Io sono (o la parte interessata è) sostenuto dalla forza primordiale dell'intera Creazione. Così sia!"

- CONTRATTO DEL DOLORE

"Io mi permetto di evolvere anche senza dover soffrire, io decido consapevolmente di sciogliere per sempre il contratto del dolore (biologico, emotivo in generale, o di una parte/aspetto in particolare) per sostituirlo con l'accettazione e l'accoglienza dei messaggi interni, da ora in poi io mi impegno ad ascoltarmi meglio, a comprendermi per risolvere ogni mia esigenza con amore e pazienza. Così io rompo l'abitudine e la tendenza ad accumulare l'energia di dolore. Così io decido, così sia!"

- CONTRATTO DELLA DISABILITÀ

"Mi sento pronto a recuperare le mie abilità, io sono un essere completo, ed ora decido di rompere per sempre il contratto della disabilità per sostituirlo con quello dell'abilità ed integrità. Mi permetto di riattivare i miei poteri e le mie capacità per sentirmi completo, abile, forte ed in grado di affrontare qualsiasi situazione della mia vita, perché io sono unito con tutta la creazione. Così voglio, così sia!"

- CONTRATTO DELLE INTOLLERANZE

"Io divento consapevole delle mie emozioni interiori e mi prendo la responsabilità di esprimere ogni mio disagio, mi rendo conto di non avere più necessità di sperimentare le intolleranze sul mio corpo, quindi divento sincero e sciolgo per sempre il contratto della repressione, per sostituirlo con quello della libertà d'espressione e della pace con me stessa. Così dev'essere, così io farò!"

CAPITOLO 4

COMPORTAMENTI DISFUNZIONALI

4.1 MODIFICARE I COMPORTAMENTI DISFUNZIONALI

L'espressione del tuo corpo racconta il modo in cui interagisci con il tuo interno, mostrando attraverso l'aspetto esteriore i risultati della relazione che hai con te stesso; meno amore dimostrerai al tuo corpo interagendo con disinteresse, più egli si sentirà abbandonato e quindi si mostrerà nella sua versione negativa, più invece lo nutrirai di attenzioni ed amore, maggior bellezza ed luminosità sarà in grado di esprimere.

Il più delle volte non è facile riconoscere i comportamenti disfunzionali che si adottano verso se stessi, poiché sono ormai radicate nell'inconscio, e si mascherano da abitudini quotidiane, passando quindi inosservate; per questo motivo vorrei aiutarti a prendere maggior consapevolezza di come i tuoi pensieri, emozioni, ed atteggiamenti influenzino ogni giorno l'espressione del tua bellezza, sottolineando tutti i comportamenti negativi da modificare, e mostrandoti quelli positivi per migliorare la tua espressione biologica.

4.2 ALLINEARE IL COMPORTAMENTO CON LA VOLONTÀ

Attraverso i gesti si esprime all'esterno la propria realtà personale per ammettere o negare una verità interiore; quando decidi di dare un comando al tuo innato per avviare i processi di trasformazione che desideri apportare, sarebbe opportuno in seguito, non rallentarlo attraverso gesti e comportamenti che in qualche modo, anche indirettamente, negherebbero ed ostacolerebbero il processo che hai attivato.

Dunque se vuoi facilitare la manifestazione della tua bellezza biologica, dovrai fare attenzione che anche i tuoi comportamenti siano allineati ed in risonanza con quello che desideri; poiché a volte per paura potresti inconsapevolmente comportarti in modo totalmente differente da come ti dovresti comportare per attrarre verso di te l'energia necessaria al tuo obbiettivo, questo accade per colpa dei blocchi emotivi in principio, ma anche per abitudine ed inconsapevolezza, in questa società non è ancora usanza insegnare ai bambini il miglior modo amorevole per approcciarsi al loro corpo.

Ma ora credo sia arrivato il momento di portare una maggior chiarezza in questo punto, conoscendo più in dettaglio quali sono i comportamenti che potranno facilitare i tuoi processi di miglioramento, e quali sono quelli che invece ti potranno ostacolare.

4.3 RICONOSCERE I COMPORTAMENTI DISFUNZIONALI

1- GESTI OSSESIVI-COMPULSIVI

Quando vuoi compensare solo in forma superficiale focalizzandoti solo sui metodi esterni per migliorare una parte o il tuo corpo in generale, come per esempio attraverso l'acquisto compulsivo e continuo di creme, trattamenti più o meno costosi, o qualsiasi altro prodotto di bellezza per uso esterno, in pratica stai dichiarando indirettamente al tuo sistema di essere un'incapace, e di non avere le capacità per raggiungere la sua miglior versione!

Se quando usi un prodotto (di qualsiasi genere) sei nello stato emotivo della paura e credi che senza di quello non potrai raggiungere il tuo obbiettivo, perché non ti fidi nella capacità rigenerativa del tuo corpo, in quel preciso istante si crea uno squilibrio energetico al tuo interno, poiché le tue cellule sono sempre in ascolto, e registrano ogni tua sensazione soprattutto se seguita da un'azione che ne dimostra l'impotenza; così invece di potenziare il tuo sistema, si crea un'illusione nella quale sperimenterai un piccolo miglioramento momentaneo (forse), e che durerà solo fino a quando userai quel prodotto, e più lo utilizzerai più sarai obbligato ad utilizzarlo, perché la tua sensazione di sfiducia ti creerà l'esperienza sempre più forte della carenza e sensazione di inadeguatezza che tu senti mentre utilizzi quel prodotto.

Essendo che tu sei il comandante del tuo sistema, anche quando non ne sei consapevole, il tuo corpo ti ascolta e si modella in base alle tue credenze, come per esempio quando credi di poter avere un certo risultato solo in forma superficiale, le tue cellule ti ascoltano sempre e cercano di creare tutto quello che gli trasmetti , quindi riprodurranno lo stesso stato negativo che continui a scegliere di sperimentare perché per loro ogni tua sensazione è un chiaro ordine; ogni volta che fai il gesto di compensare attraverso l'esterno spinto dallo stato della carenza, per loro non ha importanza a quale risultato vuoi arrivare, ma è fondamentale invece come ti senti ora, perché la tua sensazione del presente è l'energia che a loro serve per impostare la loro evoluzione.

Il tuo corpo non può fare qualcosa se tu non gli trasmetti attraverso la frequenza adatta a quel tipo di obbiettivo, in base a questa conoscenza, da ora in poi ti converrebbe osservare meglio i tuoi gesti quotidiani, e prima di comprare un prodotto, o di utilizzarlo, dovrai essere capace di metterti nella frequenza positiva adatta a trasmettere alle tue cellule più fiducia ed amore; prima di tutto dovrai accettare qualsiasi stato negativo di partenza del tuo corpo, e comunicare alle tue cellule che da ora in poi gli permetti di adoperarsi per migliorare quell'aspetto, potrai utilizzare il prodotto ma con una diversa consapevolezza, non appoggiando tutte le tue aspettative su di esso, ma bensì tenerlo come un supporto in più o una coccola verso il tuo corpo per il bellissimo lavoro che farà dall'interno.

Affinché tu possa comprendere meglio il tipo di relazione disfunzionale che a volte potresti avere con il tuo corpo, ti faccio un esempio molto semplice: è come se io ti chiedessi di fare qualcosa per me importante, ma subito dopo, ti dico che non mi fido di te, che non sei abbastanza competente o bravo, poi chiedo a qualcun altro di farla al posto tuo!

Ecco... questo è l'errore che a volte si fa verso il proprio corpo, prima gli chiedi di raggiungere un obbiettivo, poi ti comporti in forma totalmente disconnessa o contraria creando confusione, la relazione del tuo sistema in questa situazione   è quella di sentirsi disorientato, in quanto gli viene a mancare l'energia necessaria proprio mentre cerca

di avviare il processo che gli hai richiesto; questo perché
quando il tuo atteggiamento non è in risonanza con i tuoi
veri desideri, si blocca il flusso energetico che servirebbe
per portare a termine qualsiasi trasformazione che desideri
fare.

2- FOCALIZZARSI SULL'ASPETTO NEGATIVO

Quando la tua attenzione si focalizza sull'aspetto
negativo del tuo corpo, è in grado di manifestarlo nella
realtà, proprio per questo motivo dovrai fare maggior
attenzione su cosa decidi di proiettare la tua attenzione;
se osservi una parte di te che ritieni negativa e gli presti
più attenzione del dovuto, non farai altro che mantenerla
in quella versione; se invece la osservi con amore e
compassione, proietterai energia positiva verso quella
parte di te per trascinarla a trasmutarsi nella sua miglior
versione.

Se non riesci ad accettare una parte del tuo corpo (naso,
orecchie, pelle, capelli, seno, ecc..) perché secondo la
tua visione si tratta di un "difetto", in quel caso stai
dichiarando che una parte di te non è degna di esistere...
perché non ha un bell'aspetto! Questo significa che ti
rifiuti di amarti ed accoglierti completamente, solo perché
pensi di non rientrare dentro qualche tipo bellezza sociale,
famigliare, mondiale, ecc.. ma quello che devi comprendere
è che proprio questa tua sensazione di rifiuto, è quella
che mantiene quell'aspetto di te bloccato nel suo stato
negativa.

Il tuo rifiuto crea separazione, ed in seguito si trasforma
nella maledizione che tu continui a mantenere su te stesso
per molto tempo, per anni, se non vite e vite... perché fino
a quando vedrai in te quella caratteristica da escludere,
o da odiare, avrai sempre e solo quel tipo di esperienza;
per esempio, se pensi che hai il naso troppo storto,
grande, o brutto, e l'unica cosa che ti viene da pensare

continuamente è che dovresti nasconderlo o modificarlo, perché credi ti impedisca di essere amato, apprezzato, elogiato dagli "altri", non farai altro che rafforzare questa versione nella realtà!

Quindi invece di attrarre soluzioni migliori ed incontrare persone che ti amino per un senso più profondo, ti mantieni bloccato a rivivere sempre quelle esperienze di frustrazione, attraendo a te persone e situazioni che ti faranno notare sempre di più quanto il tuo naso sia inadeguato!

Questo succede perché sei tu ad avere il potere di decidere cosa pensare di te stesso, e di come scegliere di sperimentare qualsiasi aspetto del tuo corpo, quindi sei sempre tu a decidere di creare il tuo stesso limite, determinando quale tipo di esperienza manifestare in base a come ti senti di voler reagire a questo tuo "problema"; quello che ti vuole insegnare la vita in questo caso, è che la tua felicità non dipende dall'aspetto del tuo naso (che sia storto, a patata, a triangolo, ecc.. non importa), si perché non è detto che se una persona abbia un bel naso, allora la sua vita sicuramente è migliore della tua, o che le sue relazioni siano più appaganti, o che abbia conosciuto il vero significato dell'amore nella gioia .... probabilmente no! Perché il più delle volte le persone "belle" hanno un senso della vita più superficiale, meno profondo ed appagante della loro esistenza, in quanto si soffermano spesso solo sulla loro bellezza esteriore, basando quasi tutte le loro azioni su di essa, e creando di conseguenza situazioni e relazioni illusorie.

Si potrebbe dire in questo caso che il tuo "difetto, disfunzione, bruttezza, malformazione, mancanza, o qualsiasi tipo di aspetto tu pensi di avere.." si è manifestato per spingerti a trascendere qualche credenza in particolare che rappresenta un limite per la tua evoluzione, quindi ti viene richiesto di andare oltre all'apparenza momentanea, per scavare più a fondo, e scoprire il resto che ancora non hai conosciuto di te; quando riuscirai a vederti da una prospettiva più completa, allora saprai anche comprendere come integrare quella tua espressione. Per iniziare, dovrai accettare la parte che hai sempre rifiutato di te stesso, questa rimane la prima e vera soluzione per migliorare qualsiasi aspetto della tua vita, e permetterti di iniziare il viaggio di trasformazione interiore... con il tempo gradualmente il tuo aspetto diverrà più equilibrato, tu dovrai solamente pensare a come amarti, rispettarti, permetterti di esistere così come sei, affinché la vita stessa possa a sua volta sostenerti in questo magnifico viaggio di luce.

3- PENALIZZARE IL TUO CORPO CON RINUNCE

Un comportamento disfunzionale che penalizza la stima che hai verso il tuo corpo, è quando per paura inconsapevolmente rinunci a fare qualcosa che ti procura piacere, solo perché ritieni (ancora prima di provare a metterlo in pratica nella realtà) che il tuo corpo non ne sia all'altezza, non adatto o non in grado di affrontare quel tipo di esperienza; ma in questo modo rinunci alla possibilità di manifestare le condizioni e gli strumenti necessari per affrontare o vivere in forma sempre più positiva quella stessa esperienza, sempre per paura di non essere accettato, giudicato, ferito ecc... mentre in verità la prima persona a fare questo.... sei proprio tu verso te stesso, rinunciando alle tue passioni, ai tuoi sogni, alle possibilità di divertirti, di esporti, di vestirti come preferisci, di essere libero nel sembrare così come sei!

DI SEGUITO ELECO DEGLI ESEMPI DELLE CLASSICHE RINUNCE INCONSCE CHE TI BLOCCANO

ABBIGLIAMENTO: evitare di vestirti liberamente come preferisci per paura di non essere conforme a qualche tipo di etichetta famigliare, sociale, lavorativa, morale, ecc... oppure perché pensi che la tua forma fisica non possa "permettersi quel tipo di abbigliamento", ti porta a bloccare la tua espressione creativa umana e ti mantiene nell'ombra della tua esistenza. Quando ti costringi al controllo e ti rifiuti di manifestare liberamente la tua personalità attraverso l'abbigliamento o accessori (anche se sono troppo sgargianti, strani o stravaganti) per timore di essere osservato e venire giudicato, rinunciando così a concederti alcuni tipi di abbigliamento perché ritieni di non essere abbastanza affascinante da poterli indossare, si genera l'energia della mancanza nel tuo sistema. Tutti questi atteggiamenti che hai verso il tuo corpo, ed altri a cui probabilmente non farai più caso poiché sono diventate abitudini inconsce, continuano a mantenere lo stato del tuo corpo negativo.

TRUCCO ED ACCONCIATURE: evitare di giocare con un certo tipo di trucco (rossetto, ombretto, brillantini, ecc..) per paura di non apparire una persona abbastanza seria, o conforme ad un'ideale costruito da altre persone; evitare di colorare i capelli, o di trasformare come meglio preferisci la tua immagine per paura di essere giudicato; evitare di uscire senza prima truccarti, per paura di non essere accettata/o, apprezzata/o e considerata/o nella versione naturale; questi sono gli atteggiamenti che limitano la tua espansione e trasmutazione biologica, poiché creano mancanza di rispetto verso la tua libertà di gioco nel mondo tridimensionale, e di conseguenza ti mantengono nell'esperienza della mancanza.

ALIMENTAZIONE: evitare di mangiare un tipo di alimento per paura di ingrassare, o per motivi superficiali di bellezza; non permettersi di comprare alcuni tipi di cibi preferiti solo per paura di tenerli in casa ed esserne tentati; evitare di godersi una cena, un pranzo, una colazione, un evento culinario per timore che possa influenzare in qualche modo l'apparenza del corpo, evitare in generale di mangiare per paura di ingrassare ti porterà immancabilmente ad ingrassare alla prima caramella in più che ti permetterai di mangiare!

Devi sapere che quando il corpo chiede più cibo, o un alimento in particolare, significa che sta affrontando un grave scompenso energetico interno, e negargli quell'alimento (anche se non è salutare), senza prendere altri provvedimenti o cercare un compromesso, vuol dire abbandonare il proprio corpo e non dare la giusta importanza alla propria sofferenza; devi sapere che mangiare male e sregolato, è parte del processo di guarigione, quindi invece di costringerti a non mangiare qualcosa, asseconda il tuo desiderio, ma nel frattempo chiediti anche che tipo di mancanza o vuoto esistenziale stai cercando di riempire in quel modo.

Non importa se ingrassi perché questa è solo una conseguenza di un processo molto più importante interno, è più importante invece agire dal punto in cui puoi cambiare la situazione, quindi individuare il motivo di quell'impulso interiore che non ti permette di stare in equilibrio e risolverlo con te stesso! Dovrai chiedere alla tua mente di risalire all'origine del tuo "bisogno alimentare" e mostrati il motivo attraverso un ricordo, una visone o un'immagine da cui puoi comprendere meglio, riceverai sicuramente la risposta, così potrai diventarne consapevole e modificarla.

SITUAZIONI E RELAZIONI: evitare di mostrarti in pubblico per paura di sbagliare, oppure evitare di creare relazioni per timore di non piacere, evitare di mostrarti in primo piano nelle situazioni di difficoltà e necessità personali per paura di non essere compreso, di venire frainteso, rifiutato, di non riuscire ad essere abbastanza esaustivi, interessanti, capaci, ecc.. Questi atteggiamenti (blocchi emotivi antichi) confinano il tuo spirito e la sua energia vitale all'interno del sistema, e quindi il tuo corpo biologico sarà sempre in uno stato di incompletezza, poiché agisci (anche inconsciamente) per non essere notato in qualche aspetto, e quindi mantieni una parte del tuo essere avvolta dal velo oscuro della paura; ed in questo stato non potrà avere l'occasione di manifestare la sua luminosa bellezza, poiché tu per primo non gli permetti di raggiungerla.

In questo caso bisognerebbe risolvere l'origine del blocco che ti blocca nell'esprimere quell'aspetto di te stesso senza paura attraverso una regressione, chiedendo alla tua mente di darti il motivo di quella paura.

4.4 UTILIZZARE IN MODO NEGATIVO I PRODOTTI DI BELLEZZA

Quando cerchi di aumentare la tua bellezza fisica solo attraverso l'uso di prodotti esterni, si crea uno stato di squilibrio energetico al tuo interno, poiché sprecherai le tue energie con il tentativo di migliorarti dal punto sbagliato, perché l'unico punto da cui modificare realmente il tuo aspetto è dall'interno, riuscire a compensare la tua necessità interiore che ha generato tale aspetto negativo è tutto quello di cui hai bisogno per sentirti meglio e cambiare la tua realtà.

Per questo motivo paradossalmente più cercherai di insistere solo con i rimedi di bellezza esterni, più creerai squilibrio interno, manifestando l'esperienza di situazioni in cui dovrai vivere la tua insicurezza in modo sempre più forte ed impattante allontanandoti dalla tua bellezza, fino a quando non accetterai il "problema"; solo dopo aver compreso interiormente potrai quindi usare anche prodotti esterni, per accompagnare il tuo processo di miglioramento, e non il contrario.

Questo è valido per ogni aspetto della tua vita che sia di salute o di bellezza, per esempio quando cerchi di apparire bello anche a costo di distorcere, nascondere, occultare la tua versione naturale, oppure a costo di spendere tutti i tuoi soldi per trattamenti, maschere, e metodi molto costosi, di soffrire e rinunciare a qualcosa di importante, tutti questi atteggiamenti sono creati della mancanza di amore per te stesso, e che ti spinge a cercare amore nell'unica forma in cui la tua mente riesce ad immaginare, cioè in forma materiale. Molto probabilmente lo fai ogni giorno inconsapevolmente e quindi neppure sai di farlo, poiché alcuni atteggiamenti sono registrati nella coscienza di massa e vengono assorbiti automaticamente nel tuo programma personale, fino a quando non ti risvegli e ne diventi consapevole, così potrai modificarli per sempre. Ricorda che le persone che ti scelgono per un motivo superficiale di bellezza, ti abbandoneranno per lo stesso motivo, e le situazioni che si creeranno basate solo sulle apparenze superficiali, si dissolveranno con altrettanta leggerezza per un motivo superficiale; dunque invece di continuare a mantenere una vita di illusioni che sfumano al primo raggio si sole, tanto vale comprendere fin da subito di cosa realmente hai bisogno a livello interiore, ed essere presente prima per te stesso, poi in seguito potrai affiancarlo con un trattamento, intervento o prodotto esterno; in questo modo non userai il prodotto come fosse la risposta al tuo problema, ma per avere un ulteriore supporto dalla vita mentre tu cerchi di migliorare il rapporto con te stesso! Questo è lo stato nel quale si crea la sinergia adatta a far collaborare tutti e tre i tuoi corpi (energetico, mentale, biologico) con l'unico scopo di convertire in forma definitiva qualsiasi disfunzione o visione negativa.

4.5 UTILIZZARE IN MODO NEGATIVO L'ALIMENTAZIONE

Scegliere in forma mentale il tipo di alimentazione, oppure obbligarsi a mangiare solo cibi che credi ti possano fare bene, non significa che realmente ti serviranno ad affrontare al meglio il tuo processo di guarigione ed evoluzione.

A volte ciò che ti fa male, è proprio quello che ti serve per raggiungere quella comprensione di cui necessiti per fare scattare la molla interiore capace di cambiare la tua percezione in modo definitivo, per questo motivo devi accettare anche la parte negativa di questa trasformazione, senza lottare per cercare di evitarla; è molto importante che tu che riesca a mostrare verso il tuo corpo amore, comprensione e tolleranza in questo suo momento tanto delicato e difficile, accompagnarti con amore in questo cammino diventa fondamentale per mantenere positiva la relazione e la collaborazione necessaria a superare insieme a te stesso qualsiasi disfunzione o difficoltà.

Immagino che mangiare continuamente dolci o grassi non sia esattamente quello di cui avrebbe bisogno il corpo per restare in forma e leggero, ma appunto, forse restare leggero non è ciò di cui hai bisogno tu ora! Molto probabilmente dovrai accettare di mangiare in modo sregolato o diverso dagli altri, per un poco di tempo, perché il tuo corpo sta cercando di esprimere un disagio attraverso il cibo; la vita si predispone sempre per crearti l'esperienza migliore per la tua evoluzione, e quindi ti spinge istintivamente (anche attraverso il cibo) a fare le cose di cui hai bisogno per liberarti, così quando il tuo sistema cerca di trasmutarsi, dovrà prima a liberare la tensione che hai accumulata nel tempo interiormente attraverso la libera espressione ed atteggiamenti di frustrazione.

In questo caso la forma più costruttiva che potresti adottare per facilitare il tuo processo di rilascio, invece di controllarlo, sarebbe quella di essere più permissivo e tollerante verso te stesso, concederti lo sfizio di osare, lasciarti la libertà di "sbagliare" senza sentirti in colpa, accoglierti anche in questa versione, ricordandoti che è passeggera (perché tutto nella vita è sempre solo un processo, se non lo blocchi in quello stato attraverso la tua frustrazione), per quanto ti sembri inappropriato è solo una piccola parte di un grande e magnifico disegno evolutivo, che potrebbe durare molto meno, se tu imparassi ad amarti di più..... e giudicarti di meno!

Il bene ed il male non si possono misurare solo a senso unico ed in forma mentale, perché il disordine serve a creare ordine, e proprio attraverso il male si potrà riconoscere il bene, così in base a questa conoscenza dovrai affrontare con più elasticità e meno pregiudizio; ti suggerisco di opporre meno resistenza, e di toglierti tutti gli sfizi alimentari che non hai mai voluto permetterti per paura, l'importante è che mentre lo farai ti saprai godere quell'esperienza in santa pace, così da sentire sempre meno l'esigenza di doverlo rifare, impara a goderti anche i tuoi sbagli senza più paura, perché è così che cambierai la tua esperienza in confronto, se lo fai con amore e comprensione, allora piano piano non avrai più bisogno di farlo, semplicemente!

Dunque mangia tutto quello che vuoi quando vuoi, per tutte le volte che vorrai, non odiare ne definire il tuo corpo per questo, il corpo si modella in base al momento che stai affrontando, nel frattempo che tu impari a comprenderti meglio, permettiti di compensare con il cibo che meglio preferisci senza più sentirti male, poiché tante volte quello che più ci neghiamo, diventa quello che più desideriamo!

4.6 UTILIZZARE IN MODO NEGATIVO GLI INTERVENTI

Qualsiasi intervento esterno (chirurgico o di altra forma) nspinto dal senso di mancanza interiore e dalla voglia di apparire belle solo in forma superficiale, porta ad ottenere un risultato altrettanto superficiale e privo di profondità, o senso esistenziale anche all'esterno. Se pensi di voler rimediare ad un"difetto " fisico con un intervento drastico dall'esterno, dovrai fare prima attenzione al tipo di emozione che ti spinge a volere adottare questo tipo di trasformazione; perché in base alla tua sensazione interiore si modellerà l'esperienza del risultato! Quando cerchi di cambiare aspetto partendo da uno stato di mancanza energetica (emozione di frustrazione), dichiarerai in forma impattante all'esistenza che ti meriti di essere apprezzato solo attraverso il tuo aspetto, e ti negherai di conseguenza l'esperienza di essere amato per la tua vera natura interiore, per il semplice motivo di esistere!

Questo gesto compiuto nella sua forma negativa, è un chiara dichiarazione che evidenzia la mancanza di valore interiore, poiché il tipo di bellezza che si raggiunge con sforzo, tende a non permanere, e quindi a creare esperienze illusorie, nelle quali dovrai sforzarti sempre di più per piacerti e piacere agli altri.

L'obbiettivo inconscio di questi comportamenti, è quello di utilizzare gli altri per ricevere l'approvazione e l'amore che da solo non riesci a darti, è un tentativo mentale di alzare il proprio valore ma compiuto nel modo sbagliato; se non comprendi che solo tu sei in grado di darti tutto quello che ti aspetti dagli altri, continuerai in vano ad aspettarti di compensarlo dall'esterno, attraverso appunto gli altri.

Se decidi di intervenire per cambiare una parte del tuo corpo per questo motivo, il risultato reale, ti porterà ad affrontare situazioni di ulteriore mancanza e delusione affettiva, quindi fallo solo quando comprenderai che tutto quello di cui hai bisogno, è del tuo amore.

CAPITOLO 5

COMPORTAMENTI FUNZIONALI

5.1 AUMENTARE L'ENERGIA POSITIVA NEL CORPO

Per riuscire a trasportare il tuo corpo biologico nella sua versione positiva ed aumentarne la bellezza, dovrai imparare a focalizzare la tua attenzione maggiormente sulle parti che ti piacciono, per valorizzarle al meglio; non importa se ora credi di avere alcuni difetti o disfunzioni che non ti permettono di sentirti bene con te stesso, perché nel momento in cui inizierai a focalizzarti con amore verso quelle parti più positive, aumenterai ed estenderai la loro energia positiva anche verso tutto il resto del corpo, di conseguenza potrai trasmutare anche tutte quelle parti che sono ancora avvolte nell'ombra. In questo caso invece di usare la tua attenzione per nutrire in modo negativo la tua espressione fisica, dovrai imparare focalizzarla nell'osservare e valorizzare meglio ogni minima parte positiva del tuo corpo, in questo modo potrai trascinare gradualmente tutto il resto del tuo corpo in quell'energia.

5.2 NUTRIRE IN POSITIVO LA TUA ESPRESSIONE

Imparare a risaltare i propri punti di forza è un arte, il corpo è come un magnifico quadro che aspetta di essere compreso nella sua bellezza più profonda, in questo caso ogni uno di noi ha il piacere di mostrare la propria tela artistica come meglio crede, e condividere il suo significato con il resto del mondo. Certo che in principio dovrà piacere prima al suo creatore quindi a te, e solo dopo potrai mostrarlo nella sua forma migliore, trasmettendo il suo valore anche al resto del mondo; quando la bellezza si genera dal suo punto più profondo ed integro, riesce sempre a trasmettere un senso di valore molto più alto e completo di quella idealizzata e forzata per il solo scopo di piacere in forma superficiale.

Questo significa che non hai bisogno di inseguire un aspetto o rientrare dentro ad una visione limitata di come dovresti apparire, ma riconoscere il valore nella tua semplicità ed assaporarne l'unicità, in principio per te stesso, perché quando ti nutri con il tuo apprezzamento e la tua stima, anche il tuo corpo lo sente e quindi reagirà iniziando a modellarsi per esprimere al meglio questo valore anche nella realtà.... così si crea il vero fascino, poiché l'attenzione degli altri verrà catturata da questo tuo brio interiore, e i loro occhi saranno ammagliati dalla luminosità del tuo sentirti prezioso per te stesso, perché in fondo anche loro desiderano disperatamente raggiungere quello stato!

5.3 IMPARA AD ESPRIMERE LA TUA UNICITÀ

Ogni uno di noi ha avuto la sua personale ed unica esperienza esistenziale (dopo vite e vite) che lo converte in un essere ricco di valore, e quindi speciale, ma nel momento in cui si cerca di conformarsi a qualche altro ideale esterno, automaticamente si rinnega questa ricchezza sminuendo anche il proprio valore; devi comprendere che se il tuo timbro energetico è nato per rappresentare l'energia del "dorato" ... non puoi costringerti a rientrare in quella "dell'argentato"! Non ci riusciresti, e rischieresti di non essere nessuna delle due, perché mentre cercherai di assomigliare a qualcos'altro diverso da te, con il tempo ti dimenticherai anche di chi sei... ed è proprio quello che è successo a molte persone. La vera bellezza ed il fascino, non possono essere forzati mentalmente, o costruiti appositamente per il solo scopo di piacere, poiché si rischia di distorcerne l'originale natura; quando cerchi di adattare la tua immagine ad un piccolo stampino progettato per modellare il tuo corpo in base ad un'espressione prototipo, quello che potrai creare sarà solo una bellezza clonata e senza profondità, mentre invece lo stato di bellezza naturale si ottiene solo dalla maturazione che ogni Essere riesce a raggiungere in forma unica, e quindi anche la sua bellezza sarà unica.
Esprimere la propria unicità significa permettersi di essere diversi, di esprimere anche nel corpo le proprie fantasie ed utilizzare l'immaginazione per modellarsi come meglio si preferisce, in modo libero e senza dover rientrare in qualche schema, perché non siamo qui per piacere a tutti, ma per permetterci di dare valore alle nostre esperienze.

5.4 RICONOSCERE I "DIFETTI" COME POTENZIALI

Quando pensi che una parte del tuo corpo non sia funzionale o che non sia abbastanza bella, in realtà la stai condannando a rimanere bloccato in quella versione, poiché la tua credenza lo costringerà energeticamente a plasmarsi continuamente seguendo solo quell'espressione; mentre invece se vuoi trasmutare un aspetto che non ti piace del tuo corpo, sarà più opportuno cambiare la visione che hai di quel tuo "problema", ed iniziare a vederlo come un potenziale di trasformazione.

Quello che tu credi essere un "difetto" si potrebbe rivelare un valido aiuto in grado di cambiare la tua esistenza per sempre, innanzitutto dovrai comprendere che ogni piccola parte di te, ti rende un esemplare unico, il tuo corpo fisico è una pergamena che racconta la tua storia esistenziale, in verità quelli che tu pensi siano difetti sono la forme in cui ti racconti al mondo usando l'aspetto della tua espressione umana, la tua anima ti mostra quel che più profondamente t'appartiene, affinché tu possa accoglierlo e comprenderne il senso.

Dunque mostrare con più accettazione le tue parti disfunzionali, significherebbe onorare il tuo cammino esistenziale su questo mondo, riconoscere con amore la tua storia così unica e speciale.

5.5 UTILIZZARE
IN FORMA POSITIVA I PRODOTTI

Ogni uno di noi ha cercato almeno una volta nella
vita, di utilizzare un modo per migliorare l'aspetto del
proprio corpo agendo dall'esterno, attraverso prodotti ed
integratori, ma è giunto il momento di comprendere come
utilizzarli in forma ancora più consapevole, per migliorare
le prestazioni del prodotto esterno, ed allo stesso tempo
stimolare la reazione energetica del nostro sistema in
confronto; devi capire che non è molto importante quale
tipo di prodotto userai (la marca più o meno costosa, meno
o più efficace, ecc..) ma bensì è più determinante lo stato
emotivo in cui ti trovi, mentre lo farai!

Il modo in cui ti senti quando decidi di compensare
qualcosa che pensi ti manchi, cambia drasticamente
l'esperienza reale che poi nel tempo dovrai affrontare
come conseguenza, quindi nel momento in cui cerchi
di utilizzare un prodotto di bellezza, un trattamento o
integratore per tamponare una ferita creata dalla paura di
non essere accettato ed amato per come sei, si genera un
karma che aumenterà, anche a distanza di molto tempo, la
tua mancanza.. quindi potrai anche spalmarti quintali di
quella roba e prendere tutti gli integratori del mondo, ma
alla fine, un giorno arriverai comunque a dover fare i conti
con questa tua paura.

Dunque non usare un prodotto per evitare di affrontare
le tue paure, ma affrontale prima e permettiti di soffrirne,
dopodiché potrai usare tutti i prodotti che vorrai, come
una coccola da abbinare alla comprensione che hai per
te stesso; ogni volta che lo utilizzerai, non dovrai pensare
di recuperare qualcosa che non hai o che hai perso, bensì
penserai solo a riversare l'amore e l'attenzione di cui hai

bisogno attraverso di esso; perché in verità è solo di questo che necessiti, di trovare forme sempre più profonde per raggiungerti e proiettare la frequenza d'amore dentro di te, nutrendo così anche il tuo corpo fisico

5.6 UTILIZZARE
IN FORMA POSITIVA GLI INTERVENTI

Esistono molte forme di manifestare un cambiamento nella tua vita, non è imprescindibile che debba succedere qualcosa solo dall'interno, poiché anche quando succede in modo spontaneo e fluido dall'esterno, è comunque un segno dell'energia che si evolve al tuo interno e ti mostra attraverso le situazioni esterne, il risultato del tuo grado di consapevolezza; in realtà non ha sempre importanza come si raggiunge il miglioramento fisico, perché un modo vale l'altro, è molto più importante invece lo stato psico-emotivo in cui sarai mentre farai queste scelte, ed affronterai l'esperienza del cambiamento, che non dovrebbe mai obbligarti a dover rinunciare, o perdere qualche parte di te stesso.

Dunque adoperarti dall'esterno per migliorare un aspetto del tuo fisico, potrebbe essere una mossa positiva, ma solo nel caso in cui un ipotetico "intervento estetico o altro" si utilizzi come l'ultimo passo verso te stesso, una specie di ponte di manifestazione; dovrebbe essere una decisione presa alla fine del processo di maturazione interiore nel quale avviene la comprensione/accettazione del tuo "difetto o disfunzione", in questo caso l'esperienza esterna di miglioramento, sarà vissuta nella sua espressione positiva, con fluidità e senza alcun tipo di resistenza o blocco.

Mentre invece se hai dei blocchi, delle paure, dei conflitti, o se si presentano delle resistenze esterne, dove sei obbligato a perdere qualcos'altro di importante, per riuscire a fare quest'esperienza, allora significa che sarebbe consigliabile prenderti un tempo per riflettere, ed individuare la ferita emotiva da risolvere collegata a quel tipo di "problema" prima di proseguire; è opportuno terminare il processo di guarigione interiore, prima di cambiare il tuo aspetto in forma esterna, perché in questo modo potrai raggiungere la consapevolezza adatta per manifestare in forma naturale e positiva, l'esperienza che desideri con il tuo corpo.

CAPITOLO 6

NUTRIRE IL CORPO D'ENERGIA

6.1 RAGGIUNGERE LA FREQUENZA DELLA BELEZZA

Se malgrado i tuoi sforzi esterni, non sei riuscito a migliorare il tuo aspetto fisico, significa che non provi abbastanza amore verso te stesso, questa mancanza d'energia con il tempo, per quanto tu possa provare ad intervenire dall'esterno, ti manterrà sempre in una bassa frequenza, ed alla fine sarai trascinato a sperimentare solo gli aspetti più ombra della tua espressione umana.

Se non riesci ad amarti per come sei, perché hai un'aspettativa di come dovresti essere, non farai altro che limitare la ricezione dell'energia vitale nel tuo sistema, poiché l'esperienza evolutiva del tuo corpo biologico, si modella sempre in base alle tue credenze, dunque se rifiuti di accettarti perché pensi di non essere degno di ricevere amore, ti blocchi con la tua percezione nella versione negativa e non permetti al tuo sistema di fare il cambiamento necessario per manifestare una migliore versione di quell'aspetto.

Dunque la "bruttezza" o "disfunzione" in realtà è un segno di bassa frequenza in quella determinata zona, e questo calo energetico si crea per colpa di un blocco emotivo, creato a sua volta da una mancata comprensione, accettazione e tolleranza verso un aspetto interiore di te stesso che si collega a quella parte del tuo corpo biologico (quando si nasce con una disfunzione il blocco segue dalla vita precedente).

La tua "incomprensione mentale" alla fine si trasforma in un blocco che impedisce all'energia vitale di scorrere verso la zona interessata, provare amore per quella parte, sarebbe il modo più efficace per sbloccare il canale di ricezione e permettergli di ricevere più nutrimento, così da alzarne la frequenza e trasformarla.

Nel vecchio paradigma esistenziale, era comune pensare che l'unico modo per ricevere attenzione, amore e considerazione era riuscire a piacere agli altri, fare il possibile per apparire belli dunque, ci faceva credere anche inconsciamente, di avere maggior possibilità per essere "nutriti" attraverso gli altri; in realtà quello che facciamo in questo modo, è elemosinare piccole briciole di energia vitale (amore), quando avremmo a disposizione una fonte inesauribile al nostro interno! La tua vera bellezza si manifesterà quando riuscirai a provare AMORE INCONDIZIONATO per te stesso, prima di ogni altra persona... quando avrai per te quella stessa devozione ed accoglienza che ti aspetti dagli altri, allora di conseguenza alzerai gradualmente anche la frequenza del tuo corpo, illuminando ogni tua cellula.

6.2 ENERGIA E CORPO BIOLOGICO

Prima di essere un corpo biologico, sei un corpo energetico, questo significa che saresti in grado di modellare la tua presenza energetica come meglio preferisci, ma questo dipende da quanto riesci a focalizzarti all'interno di te stesso, perché solo in questo modo sapresti riprenderti il potere di gestire la realtà che ti circonda, diminuendo oppure aumentando l'intensità con la quale ti manifesti nel corpo.

Quanto più riuscirai a stabilizzare l'attenzione all'interno del tuo sistema, tanto più potrai alzare la sua frequenza energetica e migliorarne di conseguenza anche le prestazioni; devi sapere che solo al tuo interno hai la possibilità di plasmare al meglio ogni tuo aspetto esterno, di gestire e modificare qualsiasi processo necessario a trasformare il corpo biologico, poiché cambiando la tua vibrazione interna, anche la sua manifestazione esterna dovrà modificarsi, per conformarsi gradualmente alla tua visione.

La tua PRESENZA COSCIENTE è dunque fondamentale poiché ti permetterà di raggiungere qualsiasi tipo di guarigione o evoluzione desideri, questo è lo stato che ti serve come catalizzatore per riversare ovunque tu sia focalizzato l'energia vitale.. se ti focalizzi sul corpo con amore, sarà nutrito il corpo in generale in tutte le sue parti, se invece sposti l'attenzione su una parte in particolare del corpo, allora quella parte riceverà maggior energia, e questo vale per ogni altro aspetto della tua vita.

I risultati che riuscirai ad ottenere nel corpo biologico, dipenderanno dalla quantità di nutrimento che potrà fluire dentro di esso, quindi da quanto sarai in grado di mantenere stabile il focus e l'apertura del canale energetico nel tempo, verso il tuo obbiettivo; la costanza nel tempo è il modo più naturale ed efficace che hai a disposizione, per riversare dalla Fonte della Creazione tutta l'energia che ti serve ad avviare e concludere ogni tipo di processo.

Non importa quanto sia già in atto il degrado biologico, quanto ti vedi invecchiato, sciupato, non abbastanza attraente, o se noti qualsiasi altra disfunzione a cui pensi non ci sia rimedio, devi sapere che puoi convertire gradualmente qualsiasi stato ombra in luce, se saprai usare bene questi due potentissimi ingredienti: COSCIENZA+COSTANZA!

Ti basterebbe solo ricordarti di restare più presente a te stesso anche nella pratica della vita quotidiana, così da poterti dare il tempo di nutrire ogni tua parte; in ogni situazione della vita dovrai ricordarti di essere un'energia dentro ad un corpo, e non il contrario, perché in questo modo resterai sempre consapevole del tuo potere energetico, ed agirai dunque in base a questa potente conoscenza, così potrai lasciare il tuo canale sempre aperto alla ricezione e plasmare anche in forma più concreta la tua vita.

6.3 VEICOLARE L'ENERGIA NEL CORPO

Per attivare l'energia a manifestare il tuo desiderio, dovrai riuscire a stabilizzare la tua connessione interna, in modo da poter trasmettere il comando al tuo sistema, affinché possa iniziare i processi richiesti per la trasformazione; se vuoi in questo caso utilizzare l'energia per modellare, cambiare, migliorare un aspetto del tuo corpo, o tutto il corpo in generale, semplicemente dovrai concentrarti verso la parte desiderata pronunciando una dichiarazione in tempo presente, come per esempio: "I MIEI OCCHI SONO LUMINOSI E PIENI DI FASCINO" oppure "IL MIO VISO È GIOVANE E LUMINOSO", oppure "LA MIA FORMA FISICA È SNELLA ED ARMONIOSA".

Potrai affermare tutto quello che riterrai di voler sperimentare nella tua forma fisica, l'importante che lo descrivi nel tempo presente, come se tu realmente ti sentissi già in quella forma; quando avrai finito di pronunciare la dichiarazione, ti prenderai qualche secondo per sentire l'energia scorrere dal tuo petto e raggiungere la parte interessata, quando avrai terminato potrai ringraziare lasciando andare questa visione.

Dopo la dichiarazione dovrai seguire con la tua vita senza pensarci troppo, in modo da non interferire mentalmente con il processo, affinché si possano gradualmente manifestare nella realtà, tutte le opportunità necessarie a realizzare il tuo desiderio.

6.4 ATTIVARE LA MULTIDIMENSIONALITÀ DELLE CELLULE

Il nostro DNA umano è in gran percentuale multidimensionale, per questo motivo gli scienziati riescono a vederne solo una piccola parte, tutto il resto che non si può vedere, si trova collocato fuori dalla dimensione tridimensionale, e quindi non non risponde alle aspettative della logica mentale poiché si tratta di un'estensione delle nostre cellule in forma astratta, che non segue le leggi del tempo o dello spazio.

Questa parte di noi invisibile è parte di ogni cellula del nostro corpo, ed è quella che determina le caratteristiche del nostro stato fisico, l'unico modo per interagirci sarebbe attraverso la Coscienza; in questo caso, se vorrai quindi attivare un processo di trasmutazione biologica, dovrai saper focalizzare la tua coscienza nel pensiero, e proiettarlo verso l'obbiettivo.

Quello che devi ricordare è che le tue cellule sono sempre in ascolto, quindi se non vuoi sabotare o rallentare il tuo stesso processo, dovrai imparare a mantenerti in linea con i tuoi desideri anche dall'esterno, per non bloccare l'energia attraverso pensieri ed atteggiamenti contraddittori durante il giorno; quando il tuo comportamento è positivo e risuona con il tuo desiderio, il sistema è portato più velocemente a riprogrammarsi per manifestare gradualmente quella nuova espressione che stai dimostrando nella tua realtà.

qualsiasi cambio interno, in seguito viene registrato dal sistema, in modo che possa servire come indicazione alle nuove cellule su cui modellarsi, per continuare a ricreare la tua nuova versione; queste informazioni saranno poi trasmesse come eredità alla nuova generazione ed al mondo che ti circonda, sia in forma biologica, che energetica.

6.5 FORMULA
DI ATTIVAZIONE BIONENRGETICA

INTENTO+COMUNICAZIONE+MOVIMENTO = MANIFESTAZIONE

Una volta che hai chiarito il tuo obbiettivo, potrai comunicarlo al tuo interno, in modo da attivare il comando necessario a quel tipo di processo, in seguito farai in modo che il tuo comportamento resti allineato con il risultato che vuoi ottenere, fino alla sua effettiva realizzazione materiale.

Ricorda che per riuscire ad attivare correttamente un comando di trasformazione, dovrai comunicarlo in forma DECISA e SICURA rivolgendoti al tuo INTERNO, questo perché qualsiasi tipo di processo interiore, potrebbe avviarsi solo nel momento in cui riceve abbastanza energia vitale, e che tu potresti emanare solo in uno stato di sicurezza; al contrario se se non sei abbastanza sicuro o hai dei dubbi, il comando resterà debole poiché mancherà di forza, e quindi non riuscirebbe a raggiungere il punto di attivazione.

Quando sei insicuro o non sai cosa vuoi ottenere, la vibrazione che trasmetterai attraverso la tua dichiarazione non sarà abbastanza forte, ma incerta e poco chiara, e neppure i tuoi gesti saranno abbastanza decisi e costanti nel tempo da innescare una reazione biologica, in pratica sarebbe come accendere la luce, cercando di accarezzare l'interruttore, senza spingerlo definitivamente!

CAPITOLO 7

ATTIVARE
L'ENERGIA
DALL'INTERNO

7-1 ATTIVARE
I PROCESSI IMPORTANTI

Il tuo corpo biologico è un computer molto raffinato ed
intelligente, ogni sua manifestazione esterna è il risultato
di uno o più processi interni guidati dalla tua coscienza,
quando tu in forma di coscienza focalizzata nel corpo
riconosci la tua individualità, riesci a modellare a tuo
piacimento lo stato del sistema in cui sei focalizzato,
quanto invece sei ancora incosciente, i processi del tuo
sistema, vengono gestiti dal programma esistenziale
automatico, in base all'evoluzione della coscienza superiore
di massa.

Dunque se desideri modellare il tuo copro come meglio
preferisci, dovrai prenderne il controllo riconoscendoti
come coscienza individuale, e dichiarando quindi le
tue preferenze, attraverso il tuo intento potrai scegliere
di attivare tutti i processi necessari per personalizzare
l'aspetto del tuo attuale corpo. Di seguito elenco l'esempio

delle più importanti dichiarazioni, che potrebbero servirti ad attivare qualsiasi processo desideri nel tuo sistema biologico; ricordati che ti basterebbe pronunciare la richiesta in forma sicura ed amorevole rivolgendoti al tuo interno, immaginando di sentire la gioia di sperimentarlo come se il tuo desiderio fosse già realizzato in quel preciso istante mentre lo stai pronunciando, in seguito lascerai andare questa immagine senza provare frustrazione, o nessuna emozione negativa, semplicemente continuerai la tua vita e lascerai spazio a quella sensazione di continuare ad esistere dentro di te.

DICHIARAZIONI

- AUMENTO DEI PROCESSI RIGENERATIVI
DICHIARAZIONE GENERALE: "ordino al mio sistema di rigenerarsi ogni giorno con più frequenza, trasmetto ad ogni cellula del mio corpo amore e nutrimento, da ora in poi ogni particella avrà il necessario per diventare forte, bella e luminosa. Io attivo tutti i processi di rigenerazione necessari a migliorare la mia espressione umana, così sia!"
DICHIARAZIONE PARTICOLARE: "io mando amore a questa mia parte (pronuncia la parte interessata) e chiedo che tutto il mio sistema collabori per attivare il processo necessario alla sua rigenerazione, chiedo a tutte le mie cellule di collaborare invio amore e nutrimento, così sia!"

- AUMENTO DELLA PRODUZIONE DI COLLAGENE
DICHIARAZIONE GENERALE: "ordino al mio sistema di produrre la quantità di collagene necessaria a mantenere in ottimo stato tutto il mio corpo, io mi mantengo giovane, fluido ed elastico. Così sia!"
DICHIARAZIONE PARTICOLARE: " ordino al mio sistema di provvedere a fornire la quantità di collagene necessario a questa mia parte (pronunciare la parte

interessata) per esprimere la sua miglior versione. Così ordino, così sia!"

- AUMENTO DELLA TONICITÀ DEI TESSUTI
DICHIARAZIONE GENERALE: "permetto al mio corpo di diventare ogni giorno più tonico, chiedo di attivare i processi per tonificare tutti i mie tessuti spontaneamente ad ogni mio respiro, così ordino che sia!"
DICHIARAZIONE PARTICOLARE: "ordino che questa mia parte (pronunciando la parte interessata) sia tonificata per ripristinare la sua originale bellezza, così voglio che sia!"

- AUMENTO LUMINOSITÀ E MORBIDEZZA DELLA PELLE
DICHIARAZIONE GENERALE: "permetto al mio corpo di ricevere tutta la luminosità della Fonte necessaria, per diventare morbido e splendente, io sono radiante come la mia stessa Fonte di creazione, io ricevo la luce del creatore dentro di me; io proietto amore incondizionato nel mio corpo, così sia!"
DICHIARAZIONE PARTICOLARE: " io permetto a questa mia parte di ricevere la luce della Fonte attraverso il mio amore incondizionato, ordino che (dire la parte interessata) riceva tutto il nutrimento necessario per risplendere di vita e bellezza, così desidero, così sia!"

- AUMENTARE LE DIFESE IMMUNITARIE
DICHIARAZIONE GENERALE: "chiedo al mio corpo di utilizzare tutta la sua saggezza per permettermi di restare sempre in ottima salute, di mantenere l'armonia del mio stato interno in qualsiasi situazione, chiedo che il mio sistema immunitario riceva tutta la forza e potenza di cui necessita per affrontare al meglio ogni circostanza, così ordino che sia!"

DICHIARAZIONE PARTICOLARE: " chiedo che il mio sistema si predisponga per rafforzare ed equilibrare questa mia parte (pronuncia la parte interessata), così sia!"

- AUMENTRAE I PROCESSI DI RINGIOVANIMENTO
DICHIARAZIONE GENERALE: "Ascoltatemi cellule, da ora in poi non seguiremo più il tempo lineare, ma lo faremo a giorni alterni, un giorno si ferma il tempo, ed un giorno continuerà. Il mio corpo si mantiene giovane e bello, voglio esprimere la mia eterna verità in questo corpo. Così ordino che sia!"
DICHIARAZIONE PARTICOLARE: "chiedo all'energia vitale di riversarsi per ringiovanire questa parte del mio corpo biologico (pronunciare la parte interessata), così voglio che sia!"

- REMISSIONE ED AUTOGUARIGIONE
DICHIARAZIONE GENERALE: "io permetto all'energia della fonte di sanare il mio corpo, chiedo al mio sistema di attivare i processi necessari a recuperare la mia salute e manifestare lo stato ottimale del mio fisico. Io sono un Essere sano e completo, così ordino che sia!"
DICHIARAZIONE PARTICOLARE: "chiedo all'energia vitale di provvedere per risanare, e ripristinare nel modo più naturale possibile questa mia parte (pronunciare la parte interessata), chiedo al mio sistema di collaborare avviando i processi necessari alla guarigione, così voglio, così sia!"

CAPITOLO 8

ATTIVARE
L'ENERGIA
DALL'ESTERNO

8-1 POTENZIARE E PLASMARE L'ENERGIA VITALE

L'energia vitale è sparsa ovunque, poiché è l'ingrediente principale della manifestazione materiale, ma si potrebbe concentrare laddove viene richiamata dal magnetismo della coscienza; in questo capitolo ti mostrerò come poter richiamare a te l'energia vitale, per veicolarla in qualsiasi prodotto o alimento, in modo che possa attivarsi e potenziare il suo effetto.

Potrai impregnare d'energia qualsiasi cosa attraverso il tuo intento, dando un comando preciso per ottenere il tipo di risultato che desideri; esistono molti metodi, io condivido il mio affinché possa servirti come esempio, tu potrai in seguito modificare a tuo piacimento, ed in base alle tue esigenze, qualsiasi tecnica o dichiarazione che propongo di seguito.

8.2 POTENZIARE GLI ALEMENTI

- **ATTIVAZIONE BASE PER TUTTI I TIPI DI ALIMENTI:** questa attivazione è valida per qualsiasi tipo di cibo, bevanda, integratore, medicinale ecc.. Strofina le tue mani tra di loro per qualche secondo, quando sentirai vibrare i tuoi palmi, posizionale sopra l'alimento immaginando che l'energia fuoriesca dal tuo petto per espandersi verso le braccia, fino a raggiungere le tue mani per irradiarsi sull'obbiettivo scelto; in seguito verbalizza il tuo intento (esempio: benedico questo cibo e lo carico di energia di nutrimento, amore, leggerezza, vitamine, guarigione, ecc..) in modo da attivare anche la collaborazione a livello mentale. In fine ringrazia.

- **ALIMENTI E CIBI SOLIDI:** dopo avere eseguito la ricarica energetica di base sopra indicata con le mani, potrai aggiungere precisando come desideri ricevere quel tipo di nutrimento, ed in quali quantità assorbirlo, o non assorbirlo nel corpo, in base al risultato che intendi raggiungere.
ESEMPIO: "CHIEDO AL MIO SISTEMA BIOLOGICO DI ASSORBIRE PIÙ VITAMINE E MINERALI" oppure "CHIEDO CHE DA QUESTO CIBO VENGA ASSORBITO SOLO UNA PERCENTUALE BASSA, O ALTA DI FERRO, VITAMINE, FIBRE, GRASSI, ACQUA, O QUALSIASI ALTRA SOSTANZA ."

- **ALIMENTI E BEVANDE LIQUIDE:** questo tipo di attivazione è valido per tisane e decotti alle erbe, integratori liquidi, zuppe e alimenti liquidi, sieri alimentari, o qualsiasi prodotto alimentare liquido esterno, destinato all'uso interno.

Dopo aver eseguito la carica energetica base, in seguito potrai fare questa dichiarazione scegliendo una o più qualità che desideri sperimentare, pronunciandola prima di assumerlo: "CHIEDO A QUESTO LIQUIDO DI CONDURRE IN OGNI MIA CELLULA LE INFORMAZIONI NECESSARIE AD OTTENERE LA FORZA, VITALITÀ, PACE, NUTRIMENTO, EQUILIBRIO, POTENZA, ABBONDANZA, SANAZIONE, TONICITÀ, GUARIGIONE, ECC.. NECESSARIA AL MIO CORPO O AD UNA PARTE DI ESSO"
In questo modo imprimerai attraverso la tua coscienza un comando nel liquido per utilizzare le sue qualità di conduzione, e direzionarlo verso uno scopo specifico.

- **CARICARE GLI INTEGRATORI:** potrai potenziare oppure amplificare l'effetto di qualsiasi tipo di integratore; come prima cosa dovrai tenere in mano il prodotto interessato ed esprimere il tuo desiderio (esempio di desiderio: "grazie a questo prodotto io ottengo questo risultato" spiegare in modo semplice e con le tue parole che tipo di risultato vuoi ottenere), immaginando il risultato come se fosse già manifestato.
In seguito potrai creare un'etichetta personalizzata da attaccare sopra il contenitore dell'integratore, dove descriverai in forma sintetica gli effetti che intendi raggiungere (esempio: forza, vitalità, leggerezza, tonicità, luminosità,) ed in fine a tua scelta potrai aggiungere il tuo nome; potrai abbinarla o trasferirla al posto dell'etichetta originale di qualsiasi flacone, bottiglia o confezione. In questo modo la tua volontà viene impressa in forma materiale, formando un vincolo di collaborazione multidimensionale con le molecole del prodotto e le cellule del tuo corpo.

8.3 POTENZIARE
I PRODOTTI DI BELLEZZA

- **ATTIVAZIONE BASE:** immagina l'energia della
fonte espandersi dal tuo petto verso le braccia ed infine
fuoriuscire dalle mani, strofinale tra di loro per qualche
secondo per attivare l'energia, in seguito potrai passarle
sopra il prodotto desiderato, o stringerlo tra le mani
per qualche minuto ed esprimere il tuo intento anche
verbalmente se lo desideri.
In questo modo potrai caricare qualsiasi prodotto o
strumento, dell'energia necessaria al tipo di trasmutazione
che desideri apportare nelle tue cellule.

- **LOZIONI E CREME:** dopo aver utilizzato il metodo di
ricarica base, potrai potenziare ancora più profondamente
gli effetti delle tue creme e qualsiasi lozione per il corpo,
scrivendo sopra un fogliettino bianco, o direttamente
sopra il contenitore che preferisci, il risultato che
desideri manifestare attraverso quel prodotto, in fine se
vorrai potrai mettere la tua firma, oppure rappresentare
il tuo obbiettivo attraverso una rappresentazione (foto
o disegno); potrai ritagliarlo per creare un'etichetta
personalizzata, sostituendo o affiancando all'etichetta
originale del prodotto alla tua personalizzata. Potrai
ricaricare energeticamente qualsiasi prodotto che usi
quotidianamente, e potenziarne l'effetto in modo da
renderlo più efficace e ricco di energia vitale

- **MASCHERE ED IMPACCHI:** dopo aver ricaricato il
prodotto con la procedura base, per raggiungere l'effetto
massimo desiderato da una maschera di bellezza per
viso, corpo, capelli, o qualsiasi altro impacco, esfoliante,
elisir e prodotto per uso esterno, potrai creare una

breve esperienza (visiva attraverso un video, o mentale attraverso la fantasia) del risultato che desideri ottenere, e pronunciare una dichiarazione ad alta voce durante l'esperienza durante la procedura di ricarica energetica del prodotto.
ESEMPIO DICHIARAZIONE: "QUESTO PRODOTTO RENDE IL MIO VISO SPLENDENTE, VISIBILMENTE PIÙ TONICO, MORBIDO, E GIOVANE!" oppure "QUESTO IMPACCO RENDE LA MIA PELLE, I MIEI CAPELLI, LE MIE MANI, ECC.. PIÙ GIOVANE, BELLA, LUMINOSA, COMPATTA, LISCIA, ECC.."
Potrai aggiungere tutto quello che preferisci sia durante la ricarica, sia ogni volta che utilizzerai il prodotto; pronunciando l'affermazione anche durante la stesura, risveglierà le tue cellule a prepararsi per ricevere il prodotto, ed a collaborare maggiormente per manifestare l'effetto desiderato.

8.4 ATTIVARE L'ACQUA

- **ATTIVAZIONE BASE:** immagina l'energia della Fonte fuoriuscire dal tuo petto per espandersi verso le braccia, fino ad irradiarsi dalle mani, quando sentirai l'energia scorrere potrai strofinarle i palmi tra di loro per attivarli, in seguito appoggiarle sopra il contenitore d'acqua (bicchiere, bottiglia, ecc..) per qualche minuto pronunciando verbalmente il tuo intento fino a quando non sentirai il contenitore impregnato della tua energia. In questo modo potrai usare il potere di conduzione dell'acqua per diffondere il tuo comando all'interno del tuo corpo verso tutte le tue cellule, ed attivarle per la trasformazione che desideri fare nel tuo corpo.

- **UTILIZZO DELL'ACQUA:** In questo caso potrai immettere qualsiasi tipo di informazione per attivare l'acqua verso uno specifico scopo, ed utilizzarla come lozione personalizzata (esempio di attivazione: azione rinvigorente, tonificante, lenitiva, rigenerante, cicatrizzante, illuminante, schiarente, abbronzante, ecc..); mettendo un poco di acqua in un vaporizzatore, contagocce, o qualsiasi altro contenitore in base al tipo di utilizzo necessario, potrai in seguito fare l'attivazione base, creando la tua esperienza visiva dell'effetto che desideri ottenere, immaginando l'effetto desiderato come se fosse già realizzato, potrai quindi scrivere nell'etichetta gli effetti desiderati ed incollarla sul contenitore, in modo che il tuo intento possa essere memorizzato dall'acqua e replicato nel tuo corpo; potrai sia berla immediatamente dopo l'attivazione, che utilizzarla dall'esterno per pelle, capelli, unghie, o qualsiasi parte del corpo.
ESEMPIO DICHIARAZIONE: "IO TI ATTIVO PER RIGENERARE, TONIFICARE, RINVIGORIRE, NUTRIRE, RINGIOVANIRE, RISVEGLIARFE, ECC..

LA MIA PELLE, CAPELLI, UNGHIE, SCHIENA,
STOMACO, CORPO ECC.." oppure "IO TI TRASMETTO
L'ENERGIA DELL'AMORE, DELLA GUARIGIONE,
DELL'EQUILIBRIO, DELLA BELLEZZA, ECC..
AFFINCHÈ TU POSSA DIFFONDERLA IN OGNI MIA
CELLULA, O IN UNA PARTE SPECIFICA DEL MIO
CORPO".

8.5 EMULARE L'EFFETO
DI UNA SOSTANZA NEL CORPO

È possibile riuscire a riprodurre lo stesso risultato
che si otterrebbe usando una precisa sostanza, senza
doverla usare o introdurre per forza nel corpo biologico,
basterebbe solo trasmettere il tuo intento alle cellule,
chiedendogli di attivarsi per emulare lo stato che vuoi
ottenere; sarebbe sufficiente immaginare di assumerla e
vederne gli effetti, o tenerla in mano e chiedere al proprio
innato di riprodurre all'interno del tuo sistema l'effetto per
cui è stata creata quella sostanza.
ESEMPIO: quando hai mal di testa o un lieve fastidio,
invece di prendere una pastiglia o integratore, prova a
tenerlo solo in mano, oppure immaginare di prenderlo.
Questo esercizio serve per allenare il tuo corpo ad
utilizzare i suoi poteri risvegliando il suo potenziale, in
questo modo potrai prendere sempre più forza per creare
l'esperienza biologica che desideri manifestare.
Questo tipo di procedimento si può usare inizialmente solo
per disturbi e disfunzioni superficiali, o molto lievi, il senso
di queste prove, è riuscire a stimolare progressivamente
le tue cellule ad ascoltarti, e stabilire la connessione con il
tuo sistema biologico, ma questo succederà gradualmente,
dopo un periodo di allenamento e pazienza.

CAPITOLO 9

TRASMUTARE IL CORPO

9.1 CONVERTIRE L'ESPRESSIONE DEL CORPO BIOLOGICO

Anche la più piccola espressione negativa del corpo biologico, è solo una conseguenza del tuo atteggiamento negativo che nel tempo causa la distorsione della tua realtà; quando hai l'illusione della mancanza, si origina la sofferenza che si converte nel tempo in disfunzioni fisiche. Per riuscire a migliorare e risolvere definitivamente qualsiasi disfunzione, disarmonia o aspetto negativo del tuo corpo, sarebbe più efficace quindi agire direttamente sulla fonte della loro manifestazione, cercando di comprendere quale tipo di mancanza ha creato tale "problema", per riuscire a compensare quell'energia dal tuo interno. Affinché tu possa individuare meglio le disarmonie da equilibrare nel tuo sistema biologico, di seguito ho riportato tutte le parti più rilevanti del corpo e le loro disfunzioni, associandole alle compensazioni psico-emotive necessarie da raggiungere, quella materiale attraverso gli elementi naturali della terra da poter utilizzare, ed a quella energetica attraverso la frequenza dei cristalli (solo per le parti generiche del corpo). Utilizzando questi strumenti di consapevolezza e trasformazione insieme o da soli, potrai facilitare la conversione della tua espressione da negativa a positiva.

9.2 COME UTILIZZARE L'ENERGIA DEI CRISTALLI

Potrai utilizzare l'energia delle pietre e cristalli per ricevere la loro energia in qualsiasi momento, tutte le volte che sentirai la necessità di farlo, ma devi sapere che potrai compensare solo momentaneamente, poiché se non risolvi alla radice il problema che crea la disfunzione e blocca la tua energia, dovrai usare continuamente corpi estranei per ottenere energia esterna. Ma nel frattempo che cercherai di risolvere dall'interno, potrai usare l'energia della natura per aiutare il tuo sistema a riprendersi dall'emorragia energetica, usando le pietre che dovranno prima essere purificate sotto una fonte corrente di acqua per qualche minuto, per in seguito essere usate in due modi diversi: MODO 1- Scegli un momento di rilassamento e silenzio, appoggia la pietra direttamente sulla zona interessata per un tempo che potrebbe variare da qualche minuto ad un'ora circa (il tempo dipende dalla tua sensazione e preferenza), potrai farlo tutti i giorni per almeno un mese prima di riuscire a vedere i risultati nel corpo. MODO 2-Immergi la pietre scelte dentro ad un bicchiere o bottiglietta con dentro acqua potabile, aspetta che la sua energia si diffonda per qualche ora (da una alle tre ore), ed in seguito potrai berla; ripeti questo rituale di bellezza una volta al giorno, per un mese per vederne i risultato.

9.3 DISFUNZIONI BIOLOGICHE E LE LORO COMPENSAZIONI PSICO-EMOTIVO-ENERGETICHE

SIGNIFICATO DELLA PELLE IN GENERALE
La pelle è l'involucro protettivo del corpo, questo organo
rappresenta il modo in cui ci relazioniamo al mondo
esterno; tutti i problemi che hanno a che fare con la pelle,
dipendono dalla forma in cui riusciamo a concepire la
realtà che ci circonda, e da come percepiamo le relazioni
con gli altri. In base alla nostra percezione quindi, la
pelle ci rispecchia attraverso le cellule, la nostra reazione
interiore in confronto all'esperienza del contatto o della
separazione.
**PELLE SPENTA RICHIEDE DI COMPENSARE CON
PIÙ**
STATO: avventura, divertimento, curiosità, ricerca,
apertura mentale, espansione della propria creatività,
permissione, tolleranza, elasticità psico-emotiva.
ELEMENTI: acqua, aria, fuoco
PIETRE: quarzo rosa-bianco-viola, acquamarina, diamante,
malachite, fluorite, occhio di tigre, turchese, zaffiro,
lapislazzuli, amazzonite, perla, opale, oro, selenite.

**GLI ARROSSAMENTI RICHIEDONO DI
COMPENSARE CON PIÙ**
STATO: comunicazione, espressione emotiva, rilassamento,
accoglienza, perdono, chiarezza interiore, esteriorizzazione
dei propri pensieri, pazienza, spensieratezza
ELEMENTI: acqua, terra

PIETRE: agata blu, corallo blu, amazzonite, acquamarina, quarzo bianco, quarzo di rocca, calcite, argento, onice, agata blu, turchese, topazio azzurro.

LE REAZIONI ALLERGICHE RICHIEDONO DI COMPENSARE CON PIÙ
STATO: tolleranza, comprensione, espressione dei propri disagi interiori, pazienza per i cicli del cambiamento, accoglienza dei propri aspetti negativi, accettazione dei propri limiti.
ELEMENTI: aria, acqua
PIETRE: agata blu, acquamarina, labradorite, agata rosa, calcite, opale, celestina, fluorite, rubino, titanio, calcedonio, apatite.

LE INFIAMMAZIONI RICHIEDONO DI COMPENSARE CON PIÙ
STATO: espressione, comunicazione, fluidità, leggerezza, riposo.
ELEMENTI: acqua, terra, aria.
PIETRE: acquamarina, legno fossile, avventurina, argento, quarzo rosa-bianco, sodalite, amazzonite, turchese, giada, topazio azzurro, carbone, ossidiana, giaietto,

L'INVECCHIAMENTO IN GENERALE RICHIEDE DI COMPENSARE CON PIÙ
STATO: focalizzazione interiore, leggerezza, divertimento, fluidità, presenza, riflessione, accettazione, riposo notturno, ascolto, tolleranza per i propri desideri, amore incondizionato, trascendenza.
ELEMENTI: acqua, aria, terra, fuoco.
PIETRE: labradorite, oro, quarzo di rocca, quarzo viola, diamante, rubino, smeraldo, lava vulcanica, ematite, topazio, ametista, agata fucsia-verde, opale, crisocolla, diaspro, lapislazzuli, ambra.

LE MACCHIE SCURE O SIMILI RICHIEDONO DI COMPENSARE CON PIÙ

STATO: chiarezza interiore, espressione delle proprie verità, rispetto per se stessi, autostima, accettazione dei propri limiti, comprensione dei propri desideri, comunicazione, espansione mentale.
ELEMENTI: terra, fuoco.
PIETRE: pietra di luna, quarzo bianco, calcite, fluorite, ametista, lepidolite, amazzonite, larimar, perla, selenite, pirite.

LE IMPURITÀ RICHIEDONO DI COMENSARE CON PIÙ

STATO: chiarezza interiore, comunicazione, espressione delle proprie emozioni, accettazione dei propri disagi interiori, predisposizione verso se stessi, comprensione dei propri ideali.
ELEMENTI: acqua, aria, fuoco
PIETRE: acquamarina, azzurrite, diamante, oro, argento, malachite, quarzo di rocca, quarzo rosa, topazio, celestina, sodalite, fluorite, labradorite, onice.

LA SECCHEZZA RICHEDE DI COMPENSARE CON PIÙ

STATO: dolcezza, accoglienza, riposo, comprensione, riposo, fluidità mentale, permissione, tolleranza, riflessione, osservazione, ascolto.
ELEMENTI: acqua, terra
PIETRE: lapis lazuli, lepidolite, oro, corallo rosso, acquamarina, perla, avventurina, quarzo rosa, diaspro, smeraldo, crisocolla, pirite, fluorite.

LA DUREZZA O RIGIDITÀ RICHIEDE DI COMPENSARE CON PIÙ

STATO: fluidità, leggerezza, elasticità, tolleranza,

permissione, comprensione, condivisione, espressione del dolore, comunicazione, ascolto.
ELEMENTI: aria, acqua, terra
PIETRE: oro, opale, pietra della luna, quarzo rosa, quarzo angel aura, rubino, ambra, diaspro.

LE ERUZIONI RICHIEDONO DI COMPENSARE CON PIÙ

STATO: perdono, accettazione, espressione delle emozioni, comunicazione, compassione per se stessi, verità.
ELEMENTI: acqua, terra
PIETRE: acquamarina, larimar, corallo, giada nera, ossidiana, apatite, ametista, citrino, amazzonite, pirite, selenite.

LA FLACIDITÀ RICHIEDE DI COMPENSARE CON PIÙ

STATO: passione, divertimento, apertura, valore interiore, accettazione, creatività, permissione, fluidità, comprensione.
ELEMENTI: acqua, terra, fuoco.
PIETRE: oro, diamante, ambra, quarzo, smeraldo rosso, rubino, diaspro rosso, labradorite, opale, occhio di tigre, crisoprasio, ametrino, agata viola, ecc..

FORMA FISICA IN GENERALE

La forma del nostro corpo rappresenta il modo in cui riusciamo a concepire la nostra presenza nel mondo, rispecchia esattamente come pensiamo di poter essere, o meglio come ci meritiamo di apparire. Quando si ha un problema con la propria forma, significa che non si ha dato abbastanza importanza a se stessi, ma a quello che pensano gli altri; quando si pretende adattare il proprio corpo ad un'idea di perfezione costruita da terze persone, senza tenere conto della propria reale natura, si cade nella mancanza di comprensione ed amore verso se stessi, ed in questo stato la forma fisica diventa sempre più disarmonica.

LA DISARMONIA RICHIEDE DI COMPENSARE CON PIÙ
STATO: adattamento, accettazione, comprensione, comunicazione,
apertura, accoglienza, ascolto.
ELEMENTI: aria, terra
PIETRE: agata, oro, magma, quarzo bianco o rosa, acquamarina, selenite, pietra di sale rosa

LA FORMA TROPPO GRASSA RICHIEDE DI COMPENSARE CON PIÙ
STATO: introspezione, accettazione, tolleranza, auto-ascolto, amore incondizionato, dolcezza, permissione, avventura, creatività.
ELEMENTI: aria, acqua
PIETRE: carbone, ematite, onice, argento, ossidiana, cristallo di rocca, quarzo ialino

LA FORMA TROPPO MAGRA RICHIEDE DI COMPENSARE CON PIÙ
STATO: riposo, introspezione, amore incondizionato, espansione, apertura mentale, sonno, comunicazione, comprensione, accoglienza.
ELEMENTI: terra, fuoco
PIETRE: opale, oro, quarzo rosa, occhio di tigre, corallo rosa, ematite, roccia comune

LO STATO ALTANENANTE RICHIEDE DI COMPENSARE CON PIÙ
STATO: focalizzazione, introspezione, riposo,

comunicazione, espressione, tolleranza, pazienza.
ELEMENTI: acqua, terra
PIETRE: ambra, quarzo bianco o rosa, pietra di luna, giada

LA FIGURA TROPPO BASSA RICHIEDE DI COMPENSARE CON PIÙ
STATO: valore interiore, compassione, accoglienza, comprensione, auto-ascolto, creatività
ELEMENTI: aria, fuoco
PIETRE: argento, quarzo rosa o viola, agata, acquamarina, tutte le pietre di color verde-azzurro

LA FIGURA TROPPO ALTA RICHIEDE DI COMPENSARE CON PIÙ
STATO: introspezione, compassione, accettazione, espansione, stabilità interiore
ELEMENTI: terra, acqua
PIETRE: pietra vulcanica, marmo, calcite, avventurina, quarzo viola.

GLI STRATI DEL CORPO IN PARTICOLARE

CAPELLI
I capelli rappresentano lo stato della forza vitale dell'intero organismo, sono il misuratore dell'energia primordiale che scorre dentro al corpo; quando abbiamo un problema con i capelli, significa che abbiamo una perdita d'energia nel sistema da molto tempo, dovuta all'accumulo di blocchi emotivi, per colpa principalmente dell'insicurezza e della sfiducia. Se il corpo cade nel senso di mancanza energetica, non riesce ad apportare abbastanza nutrimento a tutte le parti biologiche, e quindi è costretto a scegliere solo quelle più importanti, in quanto necessarie per la sopravvivenza, ed i capelli non sono una priorità.

CAPERLLI SECCHI RICHIEDONO DI COMPENSARE
CON PIÙ
STATO: dolcezza, amore incondizionato, auto-ascolto,
tolleranza, fluidità, leggerezza, apertura, valore, riposo,
espressione delle proprie difficoltà, cambiamento dello
stile di vita.
ELEMENTI: acqua, aria, terra

I CAPELLI GRASSI RICHIEDONO DI COMPENSARE
CON PIÙ
STATO: chiarezza interiore, riposo, definizione delle
proprie esigenze, interiorizzazione, fiducia nel proprio
progetto esistenziale, tolleranza dei propri limiti, apertura
mentale, pazienza, riflessione.
ELEMENTI: terra, acqua

I CAPELLI FRAGILI RICHIEDONO DI COMPENSARE
CON PIÙ
STATO: amore incondizionato, dolcezza, riposo,
introspezione, fluidità mentale, accettazione del proprio
dolore, espressione emotiva, fiducia nelle proprie capacità,
comprensione della propria natura, espressione dei propri
desidri.
ELEMENTI: terra, acqua

LA CADUTA CAPELLI RICHIEDE DI COMENSARE
CON PIÙ
STATO: riposo, distacco dal mondo esterno, introspezione,
auto-ascolto, amore incondizionato, espressione della
sofferenza, tolleranza per i propri errori, ricalcolo dei
propri obbiettivi esistenziali, comprensione della propri
limiti, accettazione delle condizioni umane, apertura
mentale, fiducia.
ELEMENTI: acqua, terra, aria

I CAPELLI RIBELLI RICHIEDONO DI COMPENSARE CON PIÙ
STATO: accettazione della propria situazione, fluidità, comprensione delle difficoltà, auto-ascolto, leggerezza, dolcezza, tolleranza dei propri errori o incapacità, rallentamento, osservazione.
ELEMENTI: acqua, terra

VISO
Il viso è la forma più immediata che usiamo per esprimerci al mondo esterno, attraverso le sue espressioni ci permettiamo di mostrare agli altri tutte le emozioni e sensazioni in base alla nostra personalità, rappresenta quindi come indicatore generale del nostro stato psico-emotivo interno. Quando si hanno delle disfunzioni in questa parte del corpo, significa che non accettiamo di mostrare in qualche forma la nostra vera personalità, che nascondiamo alcune verità del nostro essere per paura di non essere accettati o di non essere compresi; ma più cerchiamo di apparire diversi, più ci allontaniamo da noi stessi e dalla nostra reale bellezza, in questo modo il viso dimostrerà il segno di questa mancanza nei nostri confronti.

IL VISO TROPPO MAGRO RICHEDE DI COMPENSARE CON PIÙ
STATO: riposo, fiducia nel proprio sentire, tolleranza, amore incondizionato, accettazione, rilassamento, distacco dalle proprie frustrazioni, espressione del dolore, perdono.
ELEMENTI: terra, acqua, fuoco

IL VISO TROPPO GRASSO RICHIEDE DI COMPENSARE CON PIÙ
STATO: creatività, espansione, fluidità, espressione delle

proprie esigenze, avventura, leggerezza, rilascio delle idee negative, chiarezza interiore, accettazione dei propri desideri, trasgressione, ribellione.
ELEMENTI: aria, fuoco

IL VISO SPENTO RICHIEDE DI COMPENSARE CON PIÙ
STATO: creatività, espansione, leggerezza, dolcezza, amore incondizionato, libertà d'espressione, cambiamento della direzione esistenziale, rivalutazione delle priorità, accettazione dei propri desideri.
ELEMENTI: fuoco, acqua, aria

L'INVECCHIAMENTO DEL VISO RICHIEDE DI COMPENSARE CON PIÙ
STATO: accettazione della propria forma umana, espressione della sofferenza, amore incondizionato, creatività, libertà, fluidità, leggerezza, ribellione, equilibrio tra estroversione ed introversione, fiducia nel proprio sentire, meditazione, permissione, permettersi di avverare i propri sogni.
ELEMENTI: acqua, aria, terra, fuoco

LE MALFORMAZIONI AL VISO RICHIEDONO DI COMPENSARE CON PIÙ
STATO: introspezione, accettazione, amore incondizionato, auto-ascolto, rispetto, compassione, valore interiore, adattabilità, multi-fluidità mentale, connessione energetica.
ELEMENTI: aria, fuoco

LE ERUZIONI O IRRITAZIONI AL VISO RICHIEDONO DI COMPENSARE CON PIÙ
STATO: riposo, tolleranza, chiarezza interiore, comunicazione, espressione della propria frustrazione, comprensione dei propri limiti, ascolto, pazienza.
ELEMENTI: acqua, terra

LE IMPERFEZIONI RICHIEDONO DI COMPENSARE CON PIÙ
STATO: dolcezza, tolleranza, espressione, libertà, leggerezza, accoglienza, introspezione, condivisione
ELEMENTI: acqua, terra

LE MACCHIE AL VISO RICHIEDONO DI COMPENSARE CON PIÙ
STATO: chiarezza d'espressione, comunicazione, connessione interna, accettazione delle difficoltà, espressione del dolore, ricerca delle proprie verità, osservazione dei propri atteggiamenti disfunzionali, ascolto, ricerca.
ELEMENTI: aria, terra, fuoco

LE CICATRICI RICHIEDONO DI COMPENSARE CON PIÙ
STATO: amore incondizionato, accettazione del proprio aspetto, dolcezza, connessione, espansione mentale, espressione del dolore, compassione per se stessi, apertura, permettersi di ricevere aiuto e supporto, considerazione delle proprie difficoltà.
ELEMENTI: acqua, terra

LE INFIAMMAZIONI AL VISO RICHIEDONO DI COMPENSARE CON PIÙ
STATO: accettazione del propria condizione, tolleranza per le differenze, espressione delle verità interiore, libertà di espressione, dolcezza per il proprio bambino interiore, ampliamento mentale, riposo.
ELEMENTI: aria, acqua

LE DISARMONIE DEL VISO RICHIEDONO DI COMPENSARE CON PIÙ

STATO: auto-ascolto, introspezione, spirito di
adattamento, accettazione delle proprie verità negative,
chiarezza interiore, comunicazione, radicamento interno,
ampliamento della conoscenza mentale, predisposizione
verso se stessi, ricerca spirituale e profonda della propria
missione esistenziale.
ELEMENTI: terra, acqua

COLLO

Il collo rappresenta il collegamento tra il corpo emotivo
e quello mentale, quindi tra logica ed emotività, serve a
trasformare la nostra energia fluida nella sua versione
concepibile attraverso il pensiero; qualsiasi disfunzione
biologica emerga in questa parte è simbolo di un conflitto
interiore, nel quale si oppone resistenza alla parte meno
razionale del proprio essere, si combatte con se stessi
perché per sfiducia verso se stessi e la vita in generale, non
si riesce ad accettare di accogliere le proprie emozioni per
riversarle completamente nel mondo esterno.

IL COLLO TROPPO MAGRO RICHIEDE DI COMPENSARE CON PIÙ

STATO: riposo, accoglienza, dolcezza, attività di piacere,
nutrimento in generale, attività di rigenerazione,
spensieratezza, espansione mentale, tolleranza, perdono.
ELEMENTI: terra, acqua, aria
PIETRE:

IL COLLO TROPPO GRASSO RICHIEDE DI COMPENSARE CON PIÙ

STATO: creatività, espressione dei propri desideri,
rilascio della sofferenza, attività di piacere, leggerezza,
spensieratezza, intraprendenza, trasparenza.
ELEMENTI: aria, acqua, fuoco

PIETRE:

LE IRRITAZIONI AL COLLO RICHIEDONO DI COMPENSARE CON PIÙ
STATO: rilassamento, riflessione, riposo, purificazione, espressione del fastidio accumulato, comunicazione delle emozioni represse, espressione delle proprie paure inconsce, accettazione dei propri limiti, riconoscimento delle proprie idee personali.
ELEMENTI: aria, fuoco, terra

LE MALFORMAZIONI AL COLLO RICHIEDONO DI COMPENSARE CON PIÙ
STATO: distacco dalla materia, accettazione dei limiti umani, riflessione, espansione mentale, comprensione delle proprie verità, tolleranza verso se stessi, permissione, ricerca dei propri ideali.
ELEMENTI: terra, acqua, aria

LE CICATRICI AL COLLO RICHIEDONO DI COMPENSARE CON PIÙ
STATO: accettazione del proprio passato, creatività, fluidità mentale, espressione dell'insicurezza, adattabilità, perdono dei propri errori umani, compassione.
ELEMENTI: acqua, terra

LA RIGIDITÀ AL COLLO RICHIEDE DI COMPENSARE CON PIÙ
STATO: tolleranza, accoglienza, dolcezza, comprensione delle proprie difficoltà, amore incondizionato, espressione della sofferenza, accettazione della propria condizione presente, fiducia nel proprio progetto esistenziale.
ELEMENTI: terra, acqua

LA FLACIDITÀ AL COLLO RICHIEDE DI

COMPENSARE CON PIÙ
STATO: attività di piacere, rigenerazione, riposo,
nutrimento, sonno, rilassamento, movimento creativo,
progettazione dei propri sogni, fiducia, espressione
delle proprie paure esistenziali, condivisione del talento,
accettazione del proprio dono.
ELEMENTI: fuoco, acqua, aria

LE RUGHE AL COLLO RICHIEDONO DI
COMPENSARE CON PIÙ
STATO: riposo, rilassamento, nutrimento energetico,
creatività, comunicazione delle proprie esigenze personali,
condivisione, connessione con la natura, attività di
rigenerazione, espressione psico-emotiva, armonia,
purificazione del karma.
ELEMENTI: acqua, terra, aria

BRACCIA
Le braccia rappresentano uno degli strumenti più
operativi del corpo necessari a compiere gesti quotidiani
per concretizzare nella pratica le nostre volontà interiori;
quando si mostrano disfunzioni in questa parte,
significa che non abbiamo prestato abbastanza ascolto
ed importanza alle nostre reali esigenze quotidiane, o
non riteniamo importante concretizzare i nostri desideri
interiori, quindi si crea un conflitto tra la parte di noi stessi
che desidera e si permette di sognare, e la parte razionale
che impedisce a questo desiderio di emergere nella realtà
ed avere la possibilità di mostrarsi con i fatti, bloccandolo
così all'interno del nostro essere e creando per questo
squilibrio energetico.

LE BRACCIA TROPPO MAGRE RICHIEDONO DI
COMPENSARE CON PIÙ

STATO: libertà d'espressione, accoglienza, amore incondizionato, fiducia nelle proprie capacità, intraprendenza, coraggio, indipendenza, libertà d'azione, ricerca del proprio vero destino, comunicazione interiore, espressione dei propri ideali.
ELEMENTI: terra, acqua

LE BRACCIA TROPPO GRASSE RICHIEDONO DI COMPENSARE CON PIÙ

STATO: libertà, distacco dalle altre persone, creatività, leggerezza mentale, dolcezza, amore incondizionato, tolleranza verso le proprie paure, fluidità d'espressione e d'azione, permissione.
ELEMENTI: aria, acqua

LE ERUZIONI ALLE BRACCIA RICHIEDONO DI COMPENSARE CON PIÙ

STATO: tolleranza per le disarmonie della vita, comprensione dell'errore umano, riposo, accettazione dei cicli e tempistiche dell'esistenza umana, rilassamento, resa, attività creative e di piacere.
ELEMENTI: acqua, terra

LE MALFORMAZIONI ALLE BRACCIA RICHIEDONO DI COMPENSARE CON PIÙ

STATO: accettazione del proprio percorso umano, comunicazione delle proprie idee, espressione libera dei propri limiti e paure, introspezione, fluidità mentale, cambiamento dei propri schemi.
ELEMENTI: acqua, aria

LE REAZIONI ALLERGICHE ALLE BRACCIA RICHIEDONO DI COMPENSARE CON PIÙ

STATO: riposo, espressione emotiva, riconoscimento delle proprie verità, introspezione, comunicazione, pazienza,

indulgenza.
ELEMENTI: aria, acqua, terra
LA FLACIDITÀ NELLE BRACCIA RICHIEDE DI
COMPENSARE CON PIÙ
STATO: creatività, fluidità d'azione, perdono,
introspezione, divertimento, attività di espansione, rilascio
della sofferenza, permissione, comprensione dei propri
desideri, estroversione.
ELEMENTI: acqua, fuoco, terra

LO STATO DI RIGIDITÀ ALLE BRACCIA RICHIEDE
DI COMPENSARE CON PIÙ
STATO: rilassamento, resa, accettazione della propria
debolezza, ricerca interiore dei propri ideali, fiducia nella
vita, introspezione, amore incondizionato per se stessi,
perdono, compassione.
ELEMENTI: fuoco, aria

MANI
Le mani sono lo strumento di raffinazione che usiamo per
modellare la realtà attorno a noi, per riversare le nostre
capacità nel mondo, attraverso di loro possiamo definire
un'idea nel suo aspetto materiale, costruire opere e creare
dal nulla tutto quello che sentiamo ed immaginiamo.
Quando si hanno delle disfunzioni in questa parte del
corpo, significa che non si riesce ad avere abbastanza
fiducia nel proprio valore e capacità, dunque si ha difficoltà
a rendere pratica la propria volontà bloccando così il
processo di manifestazione e creando squilibrio.

LE MANI GONFIE E PESANTI RICHIEDONO DI
COMPENSARE CON PIÙ
STATO: leggerezza interiore, fluidità mentale, rilassamento,
spensieratezza, divertimento, stato creativo e di passione.

ELEMENTI: aria, fuoco, acqua

LE MANI TROPPO MAGRE ED ESILI RICHIEDONO DI
COMPENSARE CON PIÙ
STATO: riposo, amore, dolcezza, perdono per i propri
errori, rilascio della rabbia, espressione dei propri limiti,
rilassamento, espressione delle proprie idee, rispetto per
le proprie decisioni interiori, accoglienza delle proprie
sensazioni.
ELEMENTI: acqua, aria, terra

LE ERUZIONI ALLE MANI RICHIEDONO DI
COMPENSARE CON PIÙ
STATO: stabilità emotiva, tolleranza, calma, dolcezza,
riposo, rilassamento, tempo di riflessione, introspezione,
purificazione, amore.
ELEMENTI: aria, acqua, terra

LE MALFORMAZIONI ALLE MANI RIHIEDONO DI
COMPENSARE CON PIÙ
STATO: accettazione del proprio passato, ricerca interiore
dei propri reali desideri, fluidità mentale, espansione
mentale, adattamento, accoglienza, riposo, fiducia.
ELEMENTI: aria, fuoco

LE MACCHIE SCURE ALLE MANI RICHIEDONO DI
COMPENSARE CON PIÙ
STATO: riflessione, chiarezza d'intento, liberazione delle
proprie ferite, comunicazione, accettazione del mondo
esterno, rilassamento, fiducia, ascolto, condivisione della
rabbia, espansione delle proprie idee.
ELEMENTI: aria, acqua

L'INVECCHIAMENTO DELLE MANI RICHIEDE DI
COMPENSARE CON PIÙ

STATO: rilassamento, espressione emotiva, creatività, attività di espansione e divertimento, sano egocentrismo, libertà in generale, avventura, comunicazione interiore, auto-ascolto, rispetto, compassione.
ELEMENTI: aria, terra, acqua, fuoco

LA RIGIDITÀ ALLE MANI RICHIEDE DI COMPENSARE CON PIÙ
STATO: fluidità mentale, espressione emotiva, creatività, perdono, compassione, comunicazione delle proprie verità, espressione e progettazione dei propri desideri, amore incondizionato per se stessi, dolcezza, comprensione dell'orrore umano, tolleranza
ELEMENTI: aria, fuoco, acqua

SENO
Il seno rappresenta la capacità femminile di accogliere e nutrire la vita, il suo stato ci indica il modo in cui ci relazioniamo con noi stesse, in base a quanto siamo riuscite ad accettare la femminilità del nostro corpo biologico. Quando si ha una disfunzione, o un problema estetico in questa parte, significa che si avvertono difficoltà nel comprendere il vero potere della propria femminilità nella vita, di conseguenza ci si nega di sperimentarne appieno il tuo potenziale nel mondo per paura del giudizio o della non accettazione.

IL SENO TROPPO PICCOLO RICHIEDE DI COMPENSARE CON PIÙ
STATO: ascolto interiore, nutrimento energetico, supporto psicologico, creatività, valorizzazione delle proprie capacità, amor proprio, cure e dolcezza per se stessi, tolleranza dei propri limiti femminili, accettazione della propria femminilità, espressione libera della sofferenza.

ELEMENTI: acqua, terra

IL SENO TROPPO GRANDE O GONFIO RICHIEDE DI
COMPENSARE CON PIÙ
STATO: spensieratezza, tolleranza, amor proprio,
comunicazione interiore, espressione de propri desideri
e necessità, creatività, sano egoismo, interiorizzazione,
ascolto interiore, ricerca delle proprie passioni, ricerca del
senso più ampio della propria esistenza.
ELEMENTI: aria, acqua, fuoco

LE DISFUNZIONI AL SENO RICHIEDONO DI
COMPENSARE CON PIÙ
STATO: espressione della sofferenza femminile,
accettazione dei limiti maschili, libertà e potere d'azione
nella vita quotidiana, perdono del senso di colpa,
comunicazione interiore, pausa e riposo, creatività, amore e
dolcezza verso se stesse.
ELEMENTI: aria, fuoco, terra

LA FLACIDITÀ AL SENO RICHIEDE DI
COMPENSARE CON PIÙ
STATO: riposo, accettazione del propri limiti fisici,
tolleranza verso la propria natura, amore e nutrimento,
espansione mentale, divertimento, espressione dei propri
desideri, libertà d'espressione della propria femminilità,
estroversione.
ELEMENTI: fuoco, acqua, terra

LE INFIAMMAZIONI AL SENO RICHIEDONO DI
COMPENSARE CON PIÙ
STATO: riposo e rilassamento, comprensione dei propri
cicli e tempistiche umane, tolleranza per l'energia
maschile, comunicazione interiore, rilascio del dolore
materno, compassione verso i limiti del femminile, amore

incondizionato verso se stesse,
ELEMENTI: acqua, terra

PANCIA

La pancia e lo stomaco rappresentano il centro di smistamento e distribuzione del corpo, possiamo interpretare questa parte come la stazione dove si accumulano le varie informazioni (energetiche e biologiche) per essere in seguito selezionate e reindirizzate alla zona interessata; in questa parte vengono somatizzate anche tutte le emozioni che non riconosciamo o alle quali non riusciamo a dare una collocazione nella nostra vita, per poi essere restituite in un momento di maggior lucidità e rilassamento alla coscienza. Quando si ha una disfunzione o problema in questo punto del corpo, significa che abbiamo accumulato inconsciamente troppe informazioni oppure abbiamo assorbito informazioni dissonanti (sotto forma di alimenti, emozioni, residui energetici ed organici), e che quindi devono essere trasformate o espulse dal sistema.

LA PANCIA TROPPO GRASSA RICHIEDE DI COMPENSARE CON PIÙ

STATO: creatività, divertimento, comunicazione, espressione del dolore famigliare, accettazione dei propri limiti materiali e fisici, ricerca del proprio valore interiore, amor proprio, espressione della sofferenza, libertà d'azione e di comunicazione.
ELEMENTI: aria, fuoco, terra

LA PANCIA TROPPO MAGRA RICHIEDE DI COMPENSARE CON PIÙ

STATO: ascolto interiore, pazienza, accettazione per le proprie esigenze, gioco e divertimento, creatività, accettazione dei propri desideri interiori, cura ed amore

per se stessi, riposo, considerazione del proprio valore, tolleranza per differenze e diversità,
ELEMENTI: terra, acqua, aria
IL GONFIORE ALLA PANCIA RICHIEDE DI COMPENSARE CON PIÙ
STATO: rilassamento, attività di movimento ed azione, espressione libera delle proprie paure, maggior comunicazione interiore ed esteriore, riconoscimento e rispetto per i propri limiti umani, tolleranza verso se stessi, accettazione delle idee altrui.
ELEMENTI: fuoco, terra, acqua

QUANDO LA PANCIA RIGETTA QUALCOSA RICHIEDE DI COMPENSARE CON PIÙ
STATO: ascolto interiore, espressione del dolore accumulato, comprensione delle proprie esigenze quotidiane, riposo e rilassamento, ricalcolo dei propri obbiettivi, espressione delle verità nascoste.
ELEMENTI: acqua, aria, terra

TUTTE LE MALFORMAZIONI ALLA PANCIA RICHIEDONO DI COMPENSARE CON PIÙ
STATO: tolleranza dei limiti umani, pazienza, espressione delle proprie emozioni, comunicazione, amore incondizionato, perdono e compassione per gli altri, libertà di creazione, rilascio del senso di colpa e dell'odio.
ELEMENTI: acqua, fuoco, terra

IL BLOCCO ALLA PANCIA DI QUALSIASI TIPO RICHIEDE DI COMPENSARE CON PIÙ
STATO: fluidità mentale, rilassamento, accettazione dei limiti umani, tolleranza verso gli errori umani, ricalcolo delle proprie aspettative, ascolto interiore, interpretazione ed espressione libera dei propri disagi, ridimensionamento delle propria visione.

ELEMENTI: acqua, aria

LE GAMBE
Le gambe rappresentano quello che si potrebbe definire
il sostegno del corpo emotivo e la sua possibilità di
movimento per concretizzarsi nel mondo materiale, la
loro salute e radicamento dipende dalla nostra capacità
di connessione ed accettazione delle nostre volontà e
desideri. Quando si hanno delle disfunzioni o problemi
in questa parte, significa che non riusciamo a riconoscere
l'importanza dei nostri veri desideri o ideali, e quindi
neppure possiamo sentire la forza ed il supporto
dell'esistenza, che dovrebbe guidarci a realizzare il nostro
destino attraverso di loro.

LE GAMBE ED I FINACHI TROPPO MAGRI
RICHIEDONO DI COMPENSARE CON PIÙ
STATO: ricerca del valore interiore, amore proprio,
comprensione ed accettazione dei propri desideri nascosti,
accettazione della propria posizione presente nel mondo,
semplicità, accettazione della propria natura, espansione e
condivisione dei propri ideali, riposo, rilassamento, sonno,
attività di passione e ricreazione.
ELEMENTI: terra, fuoco, acqua

I FIANCHI E LE GAMBE TROPPO GRASSE O GONFIE
RICHIEDONO DI COMPENSARE CON PIÙ
STATO: spensieratezza, creatività, espressione dei rancori,
espressione libera dei propri progetti, fiducia nelle proprie
idee, comunicazione esteriore, ricerca delle verità, fluidità
espressiva, libertà di movimento.
ELEMENTI: aria, acqua, fuoco

LE MALFORMAZIONI ALLE GAMBE RICHIEDONO DI

COMPENSARE CON PIÙ

STATO: ascolto interiore, comunicazione, accettazione della propria reale natura, espressione libera dei desideri e delle proprie convinzioni, fiducia nel proprio progetto esistenziale, rilascio della paura del mondo, perdono dei propri errori, coraggio, fiducia nelle proprie intuizioni.

ELEMENTI: fuoco, aria, terra

LE ERUZIONI O REAZIONI ALLERGICHE ALLE GAMBE RICHIEDONO DI COMPENSARE CON PIÙ

STATO: pazienza, riflessione, sicurezza, fiducia in se stessi e nelle proprie decisioni, espressione delle proprie preferenze, riposo, tolleranza per le proprie scelte, accettazione dei propri limiti quotidiani, espressione dei fastidio e frustrazione interiorizzata.

ELEMENTI: acqua, aria, terra

LA FLACIDITÀ ALLE GAMBE RICHIEDE DI COMPENSARE CON PIÙ

STATO: ricerca interiore del proprio valore, espressione della propria creatività, accettazione dei propri desideri, divertimento e gioco, ricerca del proprio vero cammino, cambiamento della vita quotidiana, espansione dei propri orizzonti, estroversione.

ELEMENTI: acqua, fuoco, terra,

L'IMMOBILITÀ O RIGIDITÀ ALLE GAMBE RICHIEDE DI COMPENSARE CON PIÙ

STATO: tolleranza per i propri limiti umani, espansione mentale, accettazione del propria condizione presente, rallentamento, riposo, riflessione, ascolto interiore, espressione della propria emotività, divertimento e relax, ricerca del senso più profondo della propria esistenza.

ELEMENTI: terra, fuoco, aria

PIEDI

I piedi rappresentano il punto di contatto diretto che utilizziamo per entrare in relazione con il mondo e muovere la nostra volontà sopra di esso, la loro salute dipende dalla capacità di stabilizzarci interiormente, per in seguito radicarci nella realtà che ci circonda. Quando si hanno delle disfunzioni o problemi in questa parte, significa che non riusciamo a realizzare i nostri veri obbiettivi per paura di essere fermati, giudicati, non accettati in qualche modo dagli altri, e quindi non diamo abbastanza forza ed importanza alle nostre intenzioni (obbiettivi) e desideri personali.

I PIEDI TROPPO GRASSI, GONFI E PESANTI RICHIEDONO DI COMPENSARE CON PIÙ

STATO: fiducia nelle proprie sensazioni, riflessione, riconoscimento dei propri veri desideri, riposo, cambio di direzione, ricalcolo del proprio obbiettivo esistenziale, pazienza, accoglienza, elasticità mentale.
ELEMENTI: acqua, aria

I PIEDI TROPPO MAGRI O ESILI RICHIEDONO DI COMPENSARE CON PIÙ

STATO: nutrizione energetica, amore proprio, cura per se stessi, valore, ascolto interiore, espressione ed accettazione dei propri bisogni, comprensione e tolleranza dei propri limiti, fiducia nelle proprie capacità, espressione delle proprie idee.
ELEMENTI: terra, acqua

LE INFIAMMAZIONI, REAZIONI ALLERGICHE O ERUZIONI AI PIEDI RICHIEDONO DI COMPENSARE CON PIÙ

STATO: riposo, espressione delle proprie paure, accettazione dei propri limiti umani, comprensione

del proprio stato, perdono, tolleranza, spensieratezza, comunicazione, considerazione dei propri reali desideri.
ELEMENTI: acqua, terra

LE MALFORMAZIONI AI PIEDI RICHIEDONO DI COMPENSARE CON PIÙ

STATO: accettazione della propria condizione di vita, comunicazione, espressione delle proprie verità nascoste, libertà mentale, ricerca spirituale del proprio cammino, comprensione del proprio progetto esistenziale, espansione, fluidità mentale, condivisione, liberazione del dolore ereditario famigliare.
ELEMENTI: fuoco, aria, terra

LE MACCHIE O DISFUNZIONI AI PIEDI RICHIEDONO DI COMPENSARE CON PIÙ

STATO: chiarezza interiore, espressione delle proprie esigenze, espressione della propria emotività, riposo e riflessione, scoperta del proprio essere interiore, comunicazione interiore, ricalcolo delle proprie decisioni, libertà d'espressione.
ELEMENTI: terra, aria

L'INVECCHIAMENTO AI PIEDI RICHIEDE DI COMPENSARE CON PIÙ

STATO: accettazione dei propri desideri, unione al resto del mondo, accettazione della propria forma umana, comprensione dei propri limiti, perdono, espressione delle propria emotività repressa, compassione per se stessi, chiarimento dei propri ideali e sogni, liberazione dalle oppressioni ed obblighi mentali.
ELEMENTI: acqua, terra, aria, fuoco

LA RIGIDITÀ O IMMOBILITÀ AI PIEDI RICHIEDE DI COMPENSARE CON PIÙ

STATO: permissione per le proprie esigenze, tolleranza per i propri errori, accettazione dei limiti umani, compassione verso se stessi, amore incondizionato, comprensione per la propria situazione, accettazione della propria presenza umana, centratura interiore, introspezione, liberazione da ogni limite o schema preimpostato.

ELEMENTI: acqua, terra, fuoco

CAPITOLO 10

RITUALI
DI BELLEZZA

10.1 IL RITUALE DELLO SPECCHIO

Ritagliati un momento di solitudine per fare questo rituale, io ero solita farlo dopo una doccia rilassante, quando finivo mi posizionavo di fronte allo specchio per osservare profondamente i miei occhi, e concentrandomi sulla loro luminosità esprimevo queste dichiarazioni: "IO SONO LA BELLEZZA, IO SONO IL FASCINO, IL SONO L'ABBONDANZA, IO SONO L'ARMONIA DEI CORPI, IO SONO LA LUCE CHE SPLENDE IN QUESTO CORPO!"
L'importante è che tu possa sentire L'ENERGIA delle tue parole vibrare dentro al tuo petto, e l'essenza del tuo desiderio ampliarsi dentro al tuo corpo mentre pronuncerai queste parole. Potrai replicarlo ogni volta che vorrai, fino ad ottenere il risultato desiderato.

10.2 IL RITUALE DELLA NOTTE

La notte è il momento più efficace per immettere un comando nel tuo sistema, poiché hai meno possibilità che il tuo intento venga disturbato dalle interferenze esterne, o da quei limiti mentali, che solitamente bloccano l'evoluzione del processo fino a sabotarne il risultato. Quando ti stai preparando per la notte, e sarai abbastanza rilassato, appena prima di addormentarti potrai fare queste dichiarazioni, oppure sceglierne altre in base alle tue esigenze qualsiasi e dare il comando al tuo sistema biologico: ESEMPIO DICHIARAZIONI " IO SONO L'EQUILIBRIO, IO SONO L'ABBONDANZA, IO SONO LA LUCE, IO SONO LA BELLEZZA, IO SONO IL FASCINO, IO SONO LA GIOVINEZZA, IO SONO L'ARMONIA, IO SONO LA LUCE, IO SONO L'ETERNITÀ, IO RISPLENDO DI AMORE, ECC..." Per ogni dichiarazione che farai dovrai prenderti qualche secondo per sentirla e viverla all'interno di te stesso, come se fosse realizzata; quindi per esempio se dirai "IO SONO LA BELLEZZA" ti soffermerai per qualche secondo ad immaginare la miglior versione del tuo aspetto nella forma più bella che potresti concepire e sentirti risuonare anche emotivamente con questa immagine, dopo di che farai lo stesso con tutte le altre dichiarazioni.

In fine, ti rilasserai per addormentarti, senza pensarci ulteriormente, in modo che il tuo subconscio abbia tempo tutta la notte per assorbire questo comando ed attivarsi nei processi della sua realizzazione.

10.3 IL RITUALE DELLA VISIONE

Questa tecnica è più che altro una meditazione, quindi dovrai ritagliare un momento per stare in solitudine e creare un'esperienza attraverso la tua immaginazione; potrebbe aiutarti l'ascolto di una frequenza o musica rilassante in sottofondo, e quando sarai abbastanza rilassato potrai chiudere gli occhi per immaginare te stesso nell'aspetto, o nella versione che più preferisci e creare nella versione astrale un tuo prototipo ideale, facendo in modo di provare emozioni positive e trasmettendo al tuo sistema innato, attraverso l'esperienza dell'immaginario la tua preferenza di vita.

In pratica dovrai prima fare esperienza delle qualità che desideri manifestare nel tuo mondo astrale, per poi riuscire a riversarle nel mondo materiale.

ESEMPIO DI VISIONE: potrai pensare ad una tua ipotetica giornata, o situazione, e svolgere le attività che sei abituato a fare, ma in una versione migliorata di te stesso; quindi ti vedrai fare le stesse cose, ma con un aspetto migliorato del tuo corpo, del tuo viso, della pelle, capelli, abbigliamento ecc.. o qualsiasi altro miglioramento vorrai fare. L'importante che tu riesca a viverlo con abbastanza coinvolgimento emotivo e lasciarlo libero di esistere dentro alla tua immaginazione, senza poi pensarci ulteriormente, in modo da lasciare il tempo alla Creazione di manifestare il tuo desiderio.

10.4 IL RITUALE DELL'ESPERIENZA VISIVA

Questo metodo si potrebbe utilizzare quando il risultato che vuoi ottenere implica varie parti del corpo, o quando non hai ben chiaro che tipo di risultato vorresti raggiungere, in questo caso ti farai aiutare dalle immagini come foto, video, disegno, o qualsiasi altra illustrazione possa mostrarti con chiarezza l'effetto che desideri ottenere. Potrai così ricorrere al potere dell'esperienza visiva,coinvolgendo anche la tua parte emotiva e rafforzando l'energia di manifestazione in modo da attrarre più velocemente il risultato.
Dovrai prima di tutto metterti in uno stato di ricerca per trovare tutte le foto, immagini, o video dell'esperienza che vorresti riprodurre nel tuo corpo; e quando avrai recuperato le immagini che più ti innescano un'emozione positiva e risuonano con il tuo ideale, dovrai concentrati su un effetto alla volta (quindi una foto, un video alla volta) di tenerlo vicino a te dando l'ordine ben preciso al tuo corpo di riprodurre esattamente quella visione, potresti fare questa dichiarazione: " voglio che tu riproduca, oppure raggiunga di molto questa forma fisica, questi capelli, questa tonicità, questo fascino, questa bellezza, questa forma d'essere, ecc.. Così ordino che sia!"

10.5 RITUALE DEI CRISTALLI

In questo rituale useremo l'energia dei cristalli, dovrai procurarti alcuni cristalli da usare ogni giorno per ottenere un risultato in pochi giorni, o settimane.

L'energia delle pietre può essere usata in vari modi, ma in questo caso la useremo per migliorare l'aspetto della pelle, capelli, e la luminosità di qualsiasi altra parte del corpo; inoltre l'effetto della loro energia potrebbe giovare anche al sistema psico-emotivo.

In questo caso i cristalli che ti propongo sono: IL QUARZO ROSA, OCCHIO DI TIGRE, LA PIETRA DI LUNA e TURCHESE; ma tu sei libero di aggiungere o togliere cristalli a tua preferenza in base al tuo istinto ed all'effetto che desideri ottenere, i cristalli possono essere usati tutti insieme in una sola volta, oppure singolarmente.

Quando ti sarai procurato le pietre che desideri, potrai lavarle sotto acqua corrente per qualche minuto e purificarle lasciandole per qualche minuto dentro ad un contenitore con acqua e un poco di sale; in seguito potrai risciacquarle e tenerle in mano per attivarle pronunciando questa dichiarazione: "NUTRITE IL MIO CORPO CON LA VOSTRA ENERGIA, IO CREO L'UNIONE SACRA TRA DI NOI, NOI SIAMO UNO, COSÌ SIA".

Quando le avrai attivate, potrai utilizzarle in varie forme, la prima è metterle in un contenitore (bottiglia, bicchiere), nel quale verserai acqua potabile e le lascerai per qualche ora a diffondere la loro vibrazione; in seguito potrai utilizzarla sia da bere per ottenere l'effetto desiderato dall'interno (tonificante, rigenerante, rimodellante, illuminante, ecc..), che come tonico per uso esterno in tutte le zone desiderate del corpo o pelle.

Un altro modo di utilizzare l'energia delle pietre, è attraverso una meditazione, quando sei in un momento di silenzio e relax, potrai mettere le pietre scelte sopra il tuo petto, e focalizzarti sulla loro energia, potrai immaginare che la loro vibrazione si fonda all'interno del tuo corpo per qualche minuto o per tutto il tempo che desideri; per raggiungere un miglioramento nella realtà biologica, sarà necessario ripeterlo almeno una volta al giorno, per circa un mese.

10.6 IL RITUALE DEL SOLE

In questo rituale utilizzeremo l'energia del Sole per rafforzare lo stato generale del sistema psicofisico, e nutrire di nuova energia consapevole il corpo. Il Sole è una vera entità integra con una propria coscienza, questo significa che il suo rapporto energetico con il tuo sistema, cambia in base al tuo intento. Se hai risvegliato la tua coscienza a questa consapevolezza, potrai anche attivare altre proprietà del Sole, oltre a quelle basilari della sopravvivenza, come per esempio rendere più affascinante, luminoso, energico, sano il tuo corpo, poiché essendo un'intelligenza attiva, gli puoi trasmettere qualsiasi tua richiesta e lasciare così che possa interagire con le tue cellule. Di seguito di propongo due tecniche molto semplici per iniziare a risvegliare la connessione con l'energia del Sole centrale.

TECNICA 1

In una mattina di sole, ti procurerai un bicchiere con un poco di acqua potabile che posizionerai sotto i raggi del sole, in seguito metterai le mani attorno al bicchiere e rivolgendoti al Sole farai questa richiesta: "RIVERSA LA TUA ENERGIA DORATA IN QUESTO BICCHIERE, TRASFORMA L'ACQUA IN ELISIR DELL'ETERNA VITA, RENDIMI UNA PARTE DI TE, LUMINOSO/A E RADIANTE, COSÌ SIA!" oppure " RIVERSA LA TUA ENERGIA IN QUESTO ELISIR PER ILLUMINARE DI LUCE DORATA IL MIO CORPO, LA MIA PELLE, I MIEI OCCHI, CAPELLI, ECC.."

Potrai scegliere a tua preferenza qualsiasi dichiarazione, e quando avrai finito, potrai lasciare sotto la luce del sole per un'ora circa il bicchiere, ed in seguito berlo ringraziando il lavoro che farà al tuo interno.

TECNICA 2

questa tecnica è molto semplice ma allo stesso tempo efficace, come ho scritto prima il Sole ha una propria intelligenza e quindi nel momento in cui tu interagisci con la sua coscienza, sa esattamente che cosa vuoi fare, proprio per questo motivo ti basterebbe fare questa meditazione per attivare la sua luce in forma multidimensionale: ritagliati un momento di solitudine per sederti, e rilassarti sotto al Sole, quando sarai rilassato ed il tuo corpo illuminato dalla luce, potrai fare questa dichiarazione per attivare l'energia solare: " SOLE ILLUMINA OGNI MIA CELLULA DI NUOVA CONSAPEVOLEZZA, RISPLENDI DENTRO AL MIO CORPO E RENDIMI RADIANTE COME UN DIAMANTE" oppure " SOLE INFONDIMI LA TUA ENERGIA DI GUARIGIONE E RISVEGLIA OGNI MIA CELLULA ALLA SUA MAGNIFICIENZA, MI LASCIO SANARE E RISPLENDO NELLA TUA LUCE"

CAPITOLO 11

IL POTERE DELLE ORE DI SONNO

11.1 RIGENERARE IL CORPO DURANTE IL SONNO

Il momento più opportuno per rinnovare e trasformare lo stato del tuo corpo biologico sono le ore di sonno, poiché la resistenza mentale del tuo sistema si abbassa proprio mentre stai dormendo, permettendo all'energia vitale di fluire più liberamente, senza venire ostacolata dai blocchi psico-emotivi che si attivano durante la veglia.

Dunque il miglior modo per ringiovanire il tuo corpo, sarebbe quello di approfittare delle ore di sonno, ma affinché tu possa entrare nello stato in cui si attiva la profonda rigenerazione, dovrai riuscire a rilassarti il più possibile prima di addormentarti, così da rilasciare tutte le tensioni accumulate durante il giorno, ed alleggerire il tuo sistema in modo che possa essere più libero di lavorare per migliorarsi.

Quando riuscirai a distendere ogni parte del tuo corpo, in seguito potrai anche prepararlo a ricevere le impostazioni della trasformazione che intendi attuare, dovrai solo trovare la forma più adatta per trasmettergli le indicazioni che gli serviranno come impostazione per la trasformazione.

Se vorrai ottenere risultati concreti e permanenti, dovrai quindi adottare questo atteggiamento di "preparazione" come un'abitudine, affinché il tuo corpo possa predisporsi sempre meglio a rivere l'energia del rinnovamento senza ostacoli; per aiutarti a comprendere meglio, di seguito elenco alcuni importanti abitudini che mi hanno aiutato personalmente a trasformare il mio corpo durante la notte.

11.2 CREARE L'AMBIENTE IDEALE

La prima cosa a cui dovrai pensare è creare un ambiente personalizzato ottimale per il tuo risposo, che possa coinvolgere tutti i tuoi sensi (olfatto, vista, tatto) per riuscire a sentirti profondamente accolto ed allineato con le vibrazioni dell'energia nel luogo in cui dormi; questa accortezza agirà sul tuo subconscio poiché andrà a disattivare le tue difese primordiali, facilitando di molto il rilassamento dei tuoi nervi e muscoli.

Questo è uno dei primi segreti più efficaci per migliorare la qualità del sonno; per questo motivo dovrai prestare molta più attenzione a come si presenta l'ambiente che ti circonda prima di dormire, in modo da comprendere come puoi migliorarlo in base alle tue esigenze, così che possa trasmetterti l'esperienza più adatta a calmare le tue vibrazioni. Di seguito elenco alcuni accorgimenti che potrebbero esserti utili in questo scopo.

- **RECICLO D'ARIA**: l'energia vitale che riusciamo a ricevere nel sistema dipende anche dalla qualità d'aria che respiriamo, così più respiriamo aria nuova e pulita, più possiamo avere maggior nutrimento per attivare tutte le funzioni necessarie a migliorare lo stato del corpo durante il sonno. L'ideale sarebbe dunque cercare di areare sempre la zona dove intendi dormire, e permettere un riciclo continuo di aria nuova, anche solo un minimo, per tutta la durata del sonno.

- **IL LETTO E LENZUOLA**: la comodità del tuo letto e la sensazioni che provi tra le lenzuola, sono anche essi importanti per raggiungere un profondo stato psico-emotivo di rilassamento; dunque diventa fondamentale anche saper scegliere con più attenzione il tipo di materasso, cuscino, coperte, lenzuola o qualsiasi altro dettaglio che possa migliorarti l'esperienza del rilassamento in base alle tue reali preferenze interiori o esigenze fisiche. Se vorrai crearti una miglior sensazione non dovrai accontentarti di quello che hanno scelto gli altri o il "caso" per te, ma invece dovrai saper comunicare con te stesso per scegliere con più cura le migliori condizioni e strumenti necessari a raggiungere la tua sensazione di adattamento e profondo benessere nelle zone dove vorrai riposare. Non dare per scontato le tue preferenze, cercando di accontentare gli altri, o ignorando te stesso, dai importanza alle tue sensazioni e chiediti cosa preferisci, accogliendo la risposta con amore.

- **SICUREZZA PSICO-EMOTIVA**: anche quando non ne sei cosciente, il tuo subconscio valuta il grado di sicurezza dell'ambiente che ti circonda quando ti stai addormentando, è un programma innato e primordiale del tuo sistema per determinare quanto ti puoi rilassare durante il sonno, o quanto devi restare in "allerta" per "un'eventuale pericolo", il calcolo della percentuale di tensione da mantenere dipenderà da quanto ti senti a "casa" in quello spazio; per esempio se la tua stanza è spaziosa, accomodante, silenziosa, e ti permette di arrivare ad altri servizi (bagno, cucina, porta d'ingresso principale, salotto) in modo fluido e veloce senza essere visto o disturbato, la tue esigenze possono essere soddisfatte in qualsiasi momento e quindi si abbassa la tensione della sopravvivenza, se sono presenti anche elementi come quadri, oggetti, colori, strumenti, che tu preferisci e che hai personalmente scelto, allora ti sentirai parte integrante dell'ambiente e percepirai di il senso "dell'appartenenza". Personalizzare il tuo ambiente ti darà la sensazione di sentirti al sicuro ed accolto prima e durante il sonno, allentando così la vigilanza del tuo inconscio collegata alla sopravvivenza del corpo biologico.

11.3 ENTRARE NELLA FREQUENZA DEL RILASSAMENTO

Quando ci si obbliga a dormire senza prima rilassarsi abbastanza per abbassare in modo spontaneo tutte le tensioni, il corpo biologico si blocca nello stato della resistenza, quindi faticherà a rigenerarsi completamente poiché per colpa della tensione, non riuscirà a sentirsi libero di fare tutti i "lavori extra", ma dovrà impegnarsi per mantenere le parti contratte (muscoli, nervi, tendini, organi ecc..) in salute. Quindi in questo caso per riuscire ad avere una buona qualità di sonno e permetterti una rigenerazione cellulare oltre alla modalità di sopravvivenza, sarebbe opportuno prima di addormentarti, riuscire a rilassare ogni parte del tuo corpo; per facilitarti questo processo condivido di seguito alcuni metodi che mi hanno aiutato personalmente a raggiungere lo stato del rilassamento.

- ASCOLTO FREQUENZE: Un modo per aiutarti a sciogliere la tensione ed armonizzare la frequenza nel corpo, sarebbe quello di ascoltare musica rilassante, scegliendo le frequenze o melodie in grado di allineare le tue corde interiori per farti raggiungere lo stato di pace; prima di addormentarti, prendi l'abitudine di ascoltare una frequenza che risuona con il tuo rilassamento per almeno dieci minuti (o tutto il tempo che preferisci), in modo da sintonizzare le tue cellule ad una frequenza armoniosa, ed allentare così la tensione almeno di una percentuale. Quest'azione potrebbe essere sufficiente a condurti nella frequenza adatta per un buon riposo, o comunque contribuirà nel tuo processo di rilassamento.

- **RESPIRAZIONE COSCIENTE:** l'aria ha in sé il potenziale per aiutarci ad equilibrare il nostro stato interno, quindi la respirazione cosciente diventa un valido aiuto nei momenti di grande ansia, per raggiungere la frequenza del rilassamento necessaria a rilasciare qualsiasi tensione. Respira lentamente in modo profondo per qualche minuto (areando l'ambiente), senti coscientemente come l'aria entra nei tuoi polmoni per espandersi nel tuo corpo; quando inizierai ad avvertire un allentamento della tensione, potrai comunque continuare a respirare lentamente ed in modo profondo fino ad addormentarti, così da ossigenare meglio il tuo sistema e potenziare l'effetto di rigenerazione del sonno, oltre che a rilasciare la tensione .

- **RILASCIO EMOTIVO:** quando non riesci a rilassarti malgrado tu abbia fatto tutto il necessario, significa che dentro al tuo sistema fluttuano "emozioni represse", cioè tutte quelle espressioni di te che non riesci a riconoscere ed esprimere durante il giorno, prendono il sopravvento nell'unico momento in cui riescono a farsi sentire.... quando tu ti fermi a riposare! Quando ti rendi conto di essere sopraffatto dai pensieri e dall'ansia, significa che sei emotivamente turbato, e potresti anche avvertire alcuni dolori fisici proprio quando cerchi di addormentarti, allora il tuo sistema sta cercando la tua attenzione per aiutarti a capire come migliorare qualche aspetto di te stesso. Dunque dovrai comunicare di più con il tuo interno se vorrai dormire meglio, imparare ad ascoltarti per dare importanza alle tue sensazioni, in modo da poterle esprimerle liberamente anche alle persone interessate. Quando dimostri a te stesso che stai considerando di prendere provvedimenti verso quel tipo di "problema", il tuo sistema si sente più compreso e supportato da te, e così si rilasserà meglio.

- **AMORE INCONDIZIONATO:** esprimere gesti d'amore verso il tuo corpo è il modo più semplice e naturale di infondergli energia positiva ed alzarne la frequenza; a volte bastano delle semplici carezze per farti sentire la tua presenza in forma totalmente diversa dal solito e raggiungere quella connessione profonda con il tuo interno, potrai esprimere parole di amore nelle quali parlerai con dolcezza a te stesso in terza persona, come se fossi il tuo amante perfetto, dicendoti tutto quello che vorresti sentirti dire dagli altri, e così regalandoti l'esperienza di ricevere tutto quello che stai aspettando dall'esterno o da qualche altra persona. Se riuscirai ad avere queste accortezze verso te stesso quando sei da solo prima di addormentarti, attiverai la potente frequenza dell'amore nel tuo sistema, perché ogni tua cellula si sentirà amata, e potenzierà così l'effetto della rigenerazione durante la notte.

11.4 ATTIVARE I PROCESSI DI RIGENRAZIONE

Il tuo sistema ha bisogno di te per attivare o velocizzare alcuni importanti processi di rigenerazione interna, ha bisogno del tuo ordine (presenza) e quindi della tua collaborazione in forma conscia; se non sei tu a collegarti volontariamente per personalizzare i cambiamenti del tuo corpo come preferisci, attraverso la connessione con il tuo innato, il sistema continuerà in automatico la sua evoluzione attingendo alle informazioni collettive del genere umano. Per questo motivo se vorrai risvegliare le funzioni necessarie per mantenere il tuo corpo giovane e sano, modificando l'orologio biologico al tuo interno, dovrai iniziare ad estrapolare la tua individualità dal brodo primordiale di massa, e prendere il comando del tuo interno; ti propongo alcuni metodi semplici (sperimentati da me) per imparare ad attivare i processi che desideri prima di addormentarti.

- **PROGRAMMAZIONE VERBALE:** pensa bene al risultato che vorresti raggiungere, chiarisci a te stesso in che modo il tuo sistema potrebbe collaborare per farti raggiungere il tuo obbiettivo, ed in seguito pronuncia una dichiarazione verbale chiara e diretta, come per esempio: "IO ORA ATTIVO IL PROCESSO DELLA RIGENERAZIONE DELLA PELLE AFFINCHÉ SIA .... MORBIDA, SANA, BELLA, LUMINOSA, ELASTICA, TONICA,ECC... COSÌ ORDINO E COSÌ SIA! (PUOI SPECIFICARE UNA O PIÙ PARTI ED IL RISULTATO CHE PREFERISCI RAGGIUNGERE)".
Attraverso le tue dichiarazioni il sistema prenderà coscienza delle tue esigenze, e farà tutto il possibile per

raggiungere l'obbiettivo da te richiesto, tranne se non viene bloccato durante il processo da qualche resistenza; in questo caso dovresti collegarti interiormente per ricevere la comunicazione con i dettagli di come rimuovere " il problema" e permetterti di ricevere l'energia necessaria a terminare il processo di trasmutazione.

- IMMAGINAZIONE: la tua fantasia è un ottimo strumento per modellare sia la tua vita che il tuo corpo, quando immagini qualcosa, tu la stai letteralmente creando nel mondo astrale; dunque puoi usare questo potente strumento di creazione prima di addormentarti, e plasmare l'esperienza che desideri sperimentare nel tuo mondo materiale. Con questa tecnica oltre a dirigere le tue energie potrai anche riuscire a rilassarti, poiché sentirai la sensazione di felicità nell'avverare qualsiasi tuo desiderio o esigenza; anche se per il momento lo vivi solo nella tua testa, non significa che non sia reale, ma sarà solo una questione di tempo, poiché se rimani sintonizzato con quella frequenza di gioia, presto troverà il modo di riversarsi nella tua realtà.

Dunque prima di dormire, chiuderai gli occhi per immaginare di vivere l'esperienza del tuo desiderio come già esaudito; per esempio se vorrai avere tanti capelli sani e forti, ti immaginerai con una bella chioma del colore che preferisci e penserai a cosa faresti in una situazione quotidiana in quelle condizione, sentirai la felicità e ti pettinerai con gioia, poi indosserai un bel vestito ed uscirai felice di mostrare i tuoi capelli, oppure semplicemente ti guarderai allo specchio pensando a quanto sono belli... diciamo che è importante la sensazione che riesci a provare durante l'esperienza nell'immaginazione, e più riuscirai a goderti il tuo desiderio interiormente, più ti rilasserai ed allo stesso tempo genererai l'energia necessaria a raggiungerlo... questo è il segreto!

- **RITUALE:** un modo divertente e molto efficace per dichiarare la tua volontà alla Creazione della vita, unificando il tuo potere per raggiungere lo scopo desiderato, è quello di usare un rituale; quando quello che desideri manifestare nel tuo corpo o nella tua vita è di significativa importanza per la tua esistenza, come per esempio guarire da qualche disfunzione o semplicemente migliorare qualche aspetto del tuo corpo, potrai chiedere il sostegno della Terra e rendere sacra questa richiesta attraverso un rituale, in questo modo risveglierai l'energia degli elementi necessari al tuo miglioramento biologico. In base alla tua esigenza troverai il rituale più adatto da praticare prima di addormentarti (esempio: rituale della giovinezza, della rigenerazione, dell'armonia, vedi capitolo RITUALI..).

Dopo aver praticato il rituale, ti addormenterai con la convinzione che il mondo e tutti i suoi elementi inizieranno a collaborare alla tua trasformazione, così che tu non debba più preoccuparti di nulla, tranne di permettere che accada, quindi ti potrai rilassarti e lasciare che l'energia della Terra possa provvedere; la sensazione di essere supportato, ti metterà nello stato adatto a raggiungere sia la rilassatezza per addormentarti, sia la manifestazione del tuo obbiettivo.

CAPITOLO 12

ABITUDINI CHE TI RINGIOVANISCONO

12.1 RICARICATI OGNI GIORNO D'ENERGIA VITALE

Questi semplici comportamenti positivi, se diventano un'abitudine quotidiana, sono in grado di stimolare il tuo corpo a rigenerarsi più velocemente, a guarire le disfunzioni ed a produrre tutto quello che gli necessiterà per migliorare il suo aspetto; in questo modo potrai gradualmente recuperare il tuo stato ottimale di salute e mantenere la tua giovinezza per lungo tempo.

1- RESPIRARE LENTO E PROFONDAMENTE
Nell'aria hai a disposizione tutti i microelementi energetici necessari a nutrire il tuo sistema direttamente dalla sua Fonte di rigenerazione, dovrai solo imparare a mantenerti collegato attraverso una respirazione lenta e profonda, anche durante il giorno mentre svolgi le tue faccende quotidiane; per riuscirci all'inizio sarà necessario prestare più attenzione al modo in cui respiri, cercando di

osservarti con più attenzione, ed ogni volta che ti renderai conto di non respirare abbastanza profondamente, o che ti manca l'aria, dovrai fermarti per qualche secondo a recuperare fiato e respirare in modo cosciente, fino a quando non ti sentirai ben ossigenato e collegato all'aria, sarà necessario avere questa accortezza fino a quando non diventerà la tua forma automatica di respirazione.

Quando questo tipo di respiro cosciente diventa la tua normalità, il tuo sistema potrà essere in grado di raggiungere un buon livello di coscienza adatto ad integrare maggior energia vitale, migliorando nel tempo qualsiasi disfunzione o stato negativo del tuo corpo biologico, ed esprimendo la luminosità della Fonte anche nella tua espressione umana.

2- CERCA DI DORMIRE BENE
Quando il corpo si addormenta, l'Anima riesce a staccarsi dalla pesantezza della materia per fluidificarsi nel mondo astrale, in questo modo si prende un riposo dai limiti tridimensionali, e si purifica per nutrirsi di energia; questo processo è necessario anche al corpo biologico, affinché si possa organizzare, rigenerare, modellare ed equilibrare senza essere disturbato dalle interferenze mentali; quindi se vuoi aiutare concretamente il tuo sistema, devi cercare di dormire meglio!
Se riesci a garantirti sempre le tue ore di buon sonno, non solo aiuterai il tuo sistema a ringiovanire il tuo corpo e mantenerlo in forma, ma potrai anche trasformare la tua intera esistenza, perché alzerai la tua frequenza interna, e quindi attrarrai nella tua vita situazioni diverse da quelle che di solito attrai, quando non ti permetti di riposare abbastanza.

3- IMPARA A RILASSARTI
Un segreto per vivere bene e a lungo, è quello di imparare

l'arte del rilassamento! Per migliorare la prestazione del tuo sistema ed equilibrare le sue energie interne, lo stato di relax dovrebbe diventare la base sulla quale estendere ogni tuo atteggiamento quotidiano; impara a restare il più rilassato possibile, qualsiasi cosa tu faccia, cerca di osservarti meglio e di notare quando sei troppo agitato, o quando hai troppa fretta, per cambiare il tuo comportamento e seguire il tuo tempo interiore. Se saprai raggiungere ogni tuo obbiettivo con calma e pazienza, riuscirai a respirare più profondamente e quindi rallentare il battito del cuore; questo stato ti faciliterà a mantenerti più lucido mentalmente, e connesso alla verità più importanti del tuo Essere.

Perché non inizi a ritagliarti un momento di relax ogni giorno, per non fare assolutamente niente?!... Anche il "non fare nulla" è un mezzo utile e necessario, poiché ti permette di recuperare, di nutrirti, di ricevere e di ricalibrare il tuo sistema, e questo sarebbe una forma molto potente di auto aiutare il tuo corpo a rigenerarsi e quindi ad attrarre salute e gioia.

4- ESPRIMI LA TUA CREATIVITÀ

Riuscire ad utilizzare la tua creatività nelle attività della tua giornata, ti permetterà di restare sempre connesso alla Fonte energetica del nutrimento, così che potrai sentirti parte attiva nella creazione della tua vita. Dovrai credere maggiormente nelle tue capacità affinché la tua essenza creativa, possa manifestarsi alla luce della coscienza e fluire verso il mondo per realizzare il tuo destino. Cerca di comprendere e seguire senza paura tutte le soddisfazioni che ti fanno sentire allineato con la tua vera natura, lasciati libero di sperimentare diverse opzioni, ed inventare nuove creazioni, permettiti di mettere in pratica le tue idee e di poter sbagliare mentre farai i primi tentativi; se avrai questa tolleranza ed apertura verso te stesso, ti sentirai più connesso ad ogni cosa, e di conseguenza potrai vibrare nell'energia della gioia, attraendo a te situazioni che gradualmente ti aiuteranno non solo ad armonizzare la tua vita, ma anche il tuo aspetto fisico.

5-DIVERTIRTI IL PIÙ POSSIBILE

Il modo più efficace e potente di creare l'energia della gioia è attraverso lo stato del divertimento, l'energia che si crea quando ti diverti e ridi, diventa un potente catalizzatore di rigenerazione e guarigione poiché permette il miglioramento della tua esistenza in tutti i suoi aspetti. Sembra starno ma il segreto è : DIVERTIRSI SENZA SENTIRSI IN COLPA, e senza farsi influenzare dalle paure o frustrazioni; lascia andare le vecchie credenze disfunzionali che ti fanno pensare di dover essere responsabile per ogni cosa, o di rientrare dentro a qualche limitata aspettativa mentale.

Se impari ad organizzare per te stesso ogni giorno qualche attività di divertimento, nella quale potrai perderti per qualche minuto/ora, senza sentirti in colpa per essertelo permesso, semplicemente imparando a goderti qualcosa che ti diverte e ti fa ridere (esempio: un film comico, uno sport fisico, un gioco psicologico, attività di piacere in mezzo alla natura, attività creative, ecc..) in poco tempo la tua vita si trasformerà, ed il tuo corpo inizierà a ringiovanire.

6- MUOVI IL TUO CORPO

Il corpo umano è progettato per affrontare l'esperienza della vita movimento, se rallenta o si ferma per troppo tempo, rallentano di conseguenza anche i suoi processi (biologici ed energetici) interni, accumulando di conseguenza scorie e tensioni che appesantiranno tutti i tentativi di miglioramento del sistema.

Quindi se vuoi aiutare le prestazioni del tuo corpo e

facilitargli il rinnovamento necessario a restare sempre in forma, sarà necessario mantenerlo attivo e leggero, imparando a scaricare le pesantezze prima che queste gli impediscano di rigenerarsi; ti sarà molto utile collegare il corpo biologico all'energia della Terra, in modo da sincronizzare tutte le funzioni interne del tuo sistema al ritmo primordiale della natura, per riuscirci ti basterà camminare in un luogo che ti piace (bosco, mare, strada, viale, o qualsiasi posto dove puoi camminare in pace) per almeno 3o minuti al giorno, o perlomeno ogni due giorni. Anche fare attività (sportive, creative, divertenti, l'importante che ti muovi) in mezzo alla natura potrebbe essere un valido rimedio per ridare elasticità e vigore al tuo corpo e mantenerlo in salute.

7- REGALATI AMORE INCONDIZIONATO

Prima di voler offrire amore a qualsiasi altra persona, dovresti riuscire a nutrire d'amore te stesso in forma incondizionata, è importante che ti ritenga il primo a meritare di ricevere tutto l'affetto, le attenzioni, le coccole, il rispetto e qualsiasi altra cosa pretendi di dare o ricevere dall'esterno.

In principio il tuo corpo ha bisogno di sentirsi accolto e supportato da te, solo in questo modo potrà ricevere l'energia e la sicurezza necessaria a riprodurre la miglior versione di se stesso, e poterla dunque riversare nel mondo; in questo stato non solo sarai in grado di traboccare il nutrimento verso gli altri, ma riuscirai anche ad irradiarlo nelle tue cellule, migliorando gradualmente il tuo aspetto sia fisico, che materiale.

8- MANGIA IN MODO COSCIENTE

Tu diventi la rappresentazione incarnata di quello che mangi, non solo a livello biologico ma anche nella sua forma più energetica, poiché tutto ciò che introduci all'interno del tuo corpo ha una sua frequenza vibratoria, che viene assorbita dal tuo sistema per diventarne in una percentuale, parte integrante. In base a questa conoscenza dunque, se vorrai mantenere in forma il tuo corpo e permettergli di migliorare il suo aspetto, dovrai cercare di tenere in considerazione questo importante dettaglio, facendo più attenzione al tipo di energia che potrebbe caratterizzare gli alimenti che scegli di introdurre nel tuo corpo; è necessario scegliere con più cura ed attenzione anche il tipo di vibrazione che intendi introdurre nel tuo sistema, perché più quel cibo sarà complesso e impregnato di scorie emotive, più appesantirà ed rallenterà il funzionamento del tuo sistema, mentre invece più sarà grezzo e semplice, più ti permetterà di restare leggero ed in salute.

Ricordati che affinché il tuo sistema possa funzionare sempre al suo meglio, ha bisogno di restare il più leggero possibile, e non accumulare scorie o cariche energetiche negative, che il più delle volte, si assorbono proprio attraverso il cibo (carne, pesce, vegetali raffinati, inquinati, avvelenati, e tutto ciò che viene in generale maltrattato o cresciuto senza amore).

9-ASSORBI IN MODO CONSAPEVOLE L'ENERGIA DEL SOLE

Il sole è la fonte principale del sostentamento energetico della vita biologica, poiché contiene tutti i codici di trasformazione necessari alla sua crescita e sviluppo; la frequenza in parte multidimensionale dei raggi solari, è quella che determina l'evoluzione ed il mantenimento di tutti i corpi biologici sulla Terra.

Le molecole della luce solare, contengono tutte le informazioni a livello quantico necessarie ad attivare qualsiasi processo di trasmutazione, ed a potenziarne l'effetto nelle tue cellule, ma tu puoi ricevere solo il tipo di frequenze che risuonano maggiormente con il tuo stato di coscienza, e che ti permetterai quindi di assorbire.

Dunque per sfruttare al meglio il potenziale del sole, sarebbe utile aprire una tua connessione diretta e personale con la sua energia, quando vorrai immergerti sotto ai raggi solari (prendere il sole sdraiato, mentre cammini o durante le tue faccende quotidiane), potrai farlo in forma più consapevole, rivolgendoti al sole con l'intenzione di allacciare una comunicazione più profonda ed amorevole, affinché la sua vibrazione possa riversarsi più intensamente dentro al tuo corpo, ed attivare tutti i processi in sospeso del tuo sistema, potresti fare una richiesta consapevole, dichiarandogli il tuo intento come per esempio: "MI CONNETTO A TE SOLE E MI PERMETTO DI RICEVERE TUTTE LA TUA ENERGIA D'AMORE NECESSARIA A MIGLIORARE IL MIO CORPO, TI AMO. GRAZIE".

Se farai bene questa dichiarazione, riceverai una risposta emotiva nel tuo plesso solare provenire dai raggi dal centro del sole, che attiverà di conseguenza tutte le tue cellule per ricevere maggior energia, dunque si formerà la collaborazione che trasformerà più velocemente il tuo sistema.

10-ASCOLTA MEGLIO TE STESSO

L'unico modo veloce e funzionale che hai a disposizione per migliorare fin da subito la tua vita, sarebbe quella di dare maggiore importanza ed aver più cura di te stesso, ascoltando con più interesse tutto quello che senti dentro di te!

Per soddisfare le tue esigenze dovrai imparare conoscerti meglio, quindi a prestare maggior ascolto alle tue sensazioni interiori, perché stabilire una buona comunicazione con il tuo interno, ti semplificherà di molto la vita quotidiana, in quanto ti manterrà sempre

connesso alle tue verità ed alla tua fonte di nutrimento;
se presterai maggior attenzione a tutte le espressioni di te
che riemergeranno attraverso le tue emozioni o esigenze
fisiche, potrai anche riuscire a comprendere meglio come
accoglierle ed amarle, o perlomeno cercare di trovare
compromessi per dimostrare importanza verso la tua
persona, questo atteggiamento aumenterà la frequenza
dell'amore nel tuo sistema, ed eviterai di compromettere lo
stato di salute del tuo corpo accumulando troppe tensioni
emotive irrisolte, causa stress e degrado biologico.

CONCLUSIONE

In questo manuale ho riportato alcune delle tante forme
come esempio, che ti possono aiutare ad interagire
con il tuo sistema attraverso l'energia vitale, così che
tu possa comprendere meglio come a plasmare la tua
biologia; questi metodi ti mostreranno in che modo usare
nella pratica la tua energia vitale per trasformare la tua
espressione umana nella miglior versione che riesci a
concepire.

Tu potrai creare, canalizzare, aggiungere e modificare
(come ho fatto io) altre tecniche o rituali personalizzati, in
base alla tue preferenze ed esigenze del personali; potrai in
qualsiasi momento scegliere di inventare un'altro metodo
che credi ti possa servire nel trasformare la tua realtà, se
utilizzerai la tua intuizione, sarai in grado di far riemergere
la sapienza della tua anima e metterla in pratica come ho
fatto io.

Oltre al manuale "CORPO DI LUCE", puoi avere a
disposizione un percorso guidato da me e personalizzato
per aumentare la tua Luce interiore ed esprimere il fascino
nel tuo corpo; per qualsiasi altra informazione rispondo
nei miei contatti qui sotto riportati.

NAWAL KAOUJAJ

EMAIL: kaoujaj@gmail.com

WHATSAPP: 0034604262908

PAGINA FACEBOOK: MAYANAM-NK

SITO WEB: www.mayanam-nk.com

Printed in Great Britain
by Amazon